Sport – Politik – Heimat

W0084649

Matthias Dohmen (Hrsg.)

Sport – Politik – Heimat
Das Willfried-Penner-Lesebuch

Mit Texten von Willfried Penner, Klaus Vater,
Joachim Macheroux, Ernst-Andreas Ziegler
und Matthias Dohmen

 NordPark

Die Drucklegung dieses Buchs wurde ermöglicht durch einen »Heimatscheck« der nordrhein-westfälischen Landesregierung.

Foto auf dem Frontispiz:
Karl-Wolfgang Nettesheim (links) und Willfried Penner am
1. April 1940 am Kindergarten Lilienthalstraße (Elberfeld)

Originalausgabe, 2020
© bei den Text- und Bildautoren
© für diese Ausgabe NordPark Verlag Wuppertal
Alle Rechte vorbehalten.
Cover unter Verwendung eines Fotos von Gerd Hensel, Wuppertal
Satz, Herstellung: NordPark, mcgraeff
Gesetzt in der Minion Pro
Druck und Bindung: BoD
ISBN 978-3-943940-70-1

NordPark Verlag
Klingelholl 53 · D 42281 Wuppertal
www.nordpark-verlag.de

FSC
www.fsc.org

MIX
Papier aus verantwortungsvollen Quellen
Paper from responsible sources
FSC® C105338

Bei meinen spontanen Erzählungen über Begebenheiten in unserer gemeinsamen Zeit im Verteidigungsministerium ist möglicherweise zu kurz gekommen, was ich an Dr. Penner besonders hoch geschätzt habe, sein Gerechtigkeitsgespür gepaart mit absoluter Unbestechlichkeit in jeder Beziehung, seine Intellektualität und Klugheit, seine Gabe, im Gespräch Menschen für sich bzw. seine Anliegen einzunehmen, seine politische Standhaftigkeit in der schwierigen Zeit der Nachrüstungsdebatte und nicht zuletzt seine menschliche Nähe, seine Zugewandtheit und Verlässlichkeit. Das hat mir mitunter geholfen, über seine unleugbare Originalität hinwegzusehen, die auch Züge von Schrulligkeit aufwies.

Aus meiner Bereitschaft, Ihr Werk nach Kräften zu unterstützen, mögen Sie auch meine unveränderte Verbundenheit mit Dr. Penner erkennen.

(Aus einer Mail von Axel Bürgener, Generalleutnant a. D., an den Herausgeber am 7. April 2020)

Inhalt

8

»Als die SPD noch siegen konnte ...«

... hätte dieses Buch auch heißen können. Aber so reißerisch sollte es nicht sein. Eine solche Wahl des Titels hätte überdies den Blick auf die Person verstellt, um die sich dieses Werk dreht. Auch wenn dieser Sozialdemokrat als MdB vier Mal wiedergewählt wurde, und zwar direkt, 25 Jahre und länger das Vertrauen der Sportler Wuppertals besaß und aus der Politik der alten Bundesrepublik nicht wegzudenken ist. Nebenbei gesagt, nicht nur der alten BRD, sondern auch der Berliner Republik, war Willfried Penner doch von 2000 bis 2005 Wehrbeauftragter des Deutschen Bundestages.

Da wären wir auch schon mittenmang in dieser schmalen und doch gewichtigen Veröffentlichung, die die Balance zu halten versucht zwischen Dokument und Bericht, Politischem und Persönlichem, Texten über Dr. Willfried Penner und Texten von ihm selbst.

Klaus Vater beschreibt die Hauptperson dieses Werks im Gefüge der Bonner und Berliner Vorgänge, im Geflecht der SPD, wie sie mal in der Opposition und mal in der Regierung war, und im fruchtbaren Dialog von Heimat (sprich: Wuppertal) und Hauptstadt. Kontinuum in all den Jahren war übrigens der Fußball, dem der Schüler schon frönte, später der Stadtverordnete, noch einmal später der Bundestagsabgeordnete, Parlamentarische Staatssekretär und der Wehrbeauftragte, der übrigens – eine echte Rarität, wenn nicht ein Unikat – von vier Fraktionen des Hohen Hauses vorgeschlagen wurde, nämlich den Grünen, der FDP, der damaligen PDS und der SPD. Gewählt wurde er mit Stimmen aus allen Fraktionen, also auch der CDU/CSU.

Höhepunkte seines Lebens beleuchten wir im Folgenden nicht im Fließtext, sondern zugespitzt in neun Einzelkapiteln, für die wir kompetente Autoren haben finden können. Nach einem kurzen Blick auf den Familienvater und Ehemann beschäftigen wir uns mit dem Schauspieler, der als Schüler bereits wortgewaltig auftrat und im damaligen Wuppertaler Schauspielhaus die Bretter betrat, die die Welt bedeuten. Verbindendes Glied ist dabei die Tochter Julia, die das Stück über die berühmteste Tochter der bergischen Metropole, Else Lasker-Schüler, in Szene setzte. Ein Spruch der wortgewaltigen Expressionistin und Freundin von Gottfried Benn, der sie verehrte, steht auf dem Grabstein von Katharina Penner, die uns spätestens vier Kapitel weiter wieder beschäftigen wird.

Den unermüdlichen Sportler WP beschreibt der Journalist – er kannte »Katinka« Penner noch aus den Tagen der »Neuen Rhein-/Neuen Ruhrzeitung« – und Weggefährte Joachim Macheroux. Willfried Penner, heißt es, soll nicht übermäßig viel auf dem Spielfeld herumgelaufen sein, aber sein abschließender Schuss sei ein Graus für manchen Keeper gewesen. Auch als Bundestagsabgeordneter und, eben, Chef des Stadtsportbundes unterhielt er nicht abreißende Kontakte ins Tal, wie der Wuppertaler liebevoll seine Heimatstadt nennt, gratulierte manchem verdienten Vereinsvorsitzenden wie Hans Tillmanns, dem zu früh verstorbenen legendären Vorsitzenden des Nützenberger Turnvereins, brieflich – auf dem »Nötenberg« ist Penner ja aufgewachsen. Alle möglichen Fragen beantwortete er mündlich, am Telefon oder schriftlich: Einige Ordner im Vorlass legen Zeugnis davon ab.

Dem hilfsbereiten Politiker, der ein Gespür dafür hat, wo Not am Mann ist und wo möglicherweise nur er helfen kann, hat Ernst-Andreas Ziegler ein kleines Denkmal gesetzt. Zwei Heranwachsenden, die sich in die Fänge der französischen Fremdenlegion begeben hatten, konnte die vorzeitige Rückkehr in die Heimat ermöglicht werden. Wie sich diese Geschichte im Archiv der sozialen Demokratie der Friedrich-Ebert-Stiftung niedergeschlagen hat, ist der Vorbemerkung zu diesem Abschnitt zu entnehmen. Bei dieser Gelegenheit: Kursiv gesetzter Text zu Beginn eines neuen Kapitels stammt vom Herausgeber, ebenso wie Abschnitte dieses Buchs, bei denen keine Verfasserin oder kein Verfasser ausgewiesen sind.

Nun hat ein stellvertretender SPD-Fraktionsvorsitzender, ein Staatssekretär, überhaupt ein Bundestagsabgeordneter seine besoldeten Mitarbeiterinnen und Mitarbeiter. Dass Willfried Penner eine eigene Art von Humor besitzt und seinen Bediensteten, von denen er beizeiten einiges verlangt hat, ein Kümmerer ist, belegt ein Bericht aus der Zeit als Ombudsmann der Soldaten und ihrer Vorgesetzten. Der Text ist einem dicken Band entnommen, den man getrost als Unikat bezeichnen darf und der sich ausschließlich im Besitz des Ex-MdB befindet. Näheres an Ort und Stelle.

Dass er mit offenen Augen durch die Welt fuhr (und gefahren wurde), zeigt das Kapitel über die Entdeckung der Shona-Kunst, die wieder zurückführt zu Katharina Penner, zu Esther Nowoczin und zu Harald Nowoczin. Und, nebenbei gesagt, zur Stadtsparkasse, auf die wir ebenfalls zurückkommen werden.

Zur Kunst gehört bekanntlich die Literatur, und WP, dem stressigen Berliner und Bonner Politalltag entkommen, liest heute ausgiebig seine Heimatzeitungen, die WZ und die *Wuppertaler Rundschau,* hört und sieht Nachrichten im Radio und im Fernsehen und gönnt sich auch dicke Bücher. Über einige wenige spricht er in einem der Kapitel dieses Rückblicks auf ein Politiker- und Pensionärsleben.

Die Sparkasse wurde schon erwähnt. Dort nämlich, am Islandufer, hielt Dr. Willfried Penner eine große Rede über Gott und die Welt, über die Stadt Wuppertal und, wie sie zu ihrem Namen kam, über Luftangriffe und Judenverfolgungen, die Reform des Sexualstrafrechts und die »Legalisierung« der Homosexualität. An jedem 17. Oktober 2012 sprach er auch über seine Familie, deren Wurzeln sich weit zurückverfolgen lassen, und seine Mutter, die nicht in die Oper gehen durfte, weil es dort »zu wüst« zuginge.

Im Kapitel »Penner als Redner« sind ferner Reden dokumentiert, die er vor der IG Metall, deren Gast er häufiger war, und im Rathaus hielt, aber auch vor dem Plenum des Deutschen Bundestages: zum damalig heiß umstrittenen Thema Schwangerschaftsabbruch und Selbstbestimmungsrecht der Frau. Schließlich stellen wir die bislang 14 Ehrenbürger der Stadt Wuppertal vor – eine stolze Reihe, wenn auch, das wird nachzulesen sein, ohne Privilegien, wie es Johannes Rau einmal ausgedrückt hat, der zum Freundeskreis Penners gehörte.

Die Frage von Einflüssen und Einflussversuchen Rechtsradikaler auf Bundeswehr und Polizei ist aus dem politischen Diskurs nicht wegzudenken und hat – ein weiteres Kapitel – auch den Wehrbeauftragten Willfried Penner beschäftigt. Die entsprechenden Passagen aus seinem ersten Bericht, der jährlich dem Parlament erstattet wird, haben wir in dieses Buch aufgenommen.

Schließlich enthält das Lesebuch »Dönekes« genannte Anmerkungen politischer und persönlicher Art von Willfried Penner selbst: Menschliches und Allzumenschliches, Persönliches und Allgemeines, Wuppertal und die weite Welt betreffend, gewissermaßen zwischen dem Bergischen Land und Boliviens Hauptstadt La Paz.

Die Liste derer, die ihm zu seinem 65. Geburtstag gratuliert haben, ist verständlicherweise lang und umfasst so unterschiedliche Persönlichkeiten wie – die folgende Auswahl ist willkürlich – Burkhard Hirsch, Ulla Jelpke, Fritz Pleitgen, Johannes Rau, Helmut Schmidt, Repräsentanten der SPD und anderer Parteien und Fraktionen sowie viele Menschen aus der Wuppertaler Heimat. Bei all diesen Briefen ragt einer heraus, der des Liberalen Hirsch, der mit WP in der Parlamentarischen Kontrollkommission saß und bienenfleißig zu fast jeder Sitzung substantielle Beiträge beisteuerte und von seinem Kollegen hofft, dass er als Wehrbeauftragter »keine Uniform« zu tragen habe. Eine der originellsten Glückwünsche stammt von Ottomar G. Czichon, Direktor der Augenklinik in Wuppertal, der seine Grüße auf einem Rezeptblock verewigte. Und vom legendären Fotographen Jupp Darchinger stammt eine Karte samt Foto vom Januar 1994: »Lieber Willfried, wir beide sind mit Abstand die Größten. Dein Jupp«, was den so Geehrten zu der Antwort veranlasste: »Lieber Jupp, dass wir beide mit Abstand die Größten sind, darüber wird die Nachwelt zu entscheiden haben. Deine Aufnahme habe ich erhalten. Hab' Dank für deine Mühe.«

Es sind auffallend viele Menschen unter den Gratulanten, die mit dem Sport verbunden sind. Es sei, kommentierte seinerzeit der Geschäftsführer des Stadtsportbundes, Volkmar Schwarz, den Rücktritt Willfried Penners vom Amt des SSB-Vorsitzenden, »eine Ära zu Ende gegangen«, so zitiert ihn Andreas Boller in seinem Beitrag für die WZ (25. 4. 2008).

Die journalistischen Beiträge über ihn sind, wie könnte es anders sein, Legion. Als einen »Mann ohne Eitelkeiten« beschrieb ihn Gunter Hofmann in der »Zeit« vom 22. 8. 1980. »Fast unbemerkt auf dem Weg nach oben« sah ihn in der FAZ vom 1. 3. 1978 Hermann Rudolph. Immerhin: Er war im Lauf der Jahre als Generalbundesanwalt im Gespräch, als Chef des BND, als Kanzleramtsminister unter Helmut Schmidt. Die Vereidigung Willfried Penners als Wehrbeauftragter des Bundestages »beendet die politische Laufbahn eines Abgeordneten, der nie in der ersten Reihe gestanden, stets aber zu den einflussreichen Parlamentariern gehört hat«, schrieb Günter Bannas in der FAZ vom 12. 5. 2000. Über einem Porträt derselben Zeitung, das Helmut Herles schrieb, stand die Überschrift »Staatsanwalt und nicht selbstgerecht« (27. 6. 1985). Er wurde eben – so Sten Martensen im »Deutschen Allgemeinen Sonntagsblatt« vom 16. 11. 1980 – im damaligen Bonn »als Ausnahme gehandelt, als wohltuende«.

Wer den in der Friedrich-Ebert-Stiftung in Bonn befindlichen Vorlass studiert oder auch nur grob durchsieht, stößt auf eine große Zahl von vor allem Sport-Vereinen, die Willfried Penner zu Festlichkeiten einluden oder ihm ihren Kummer mitteilten, wenn etwa der Turnverein Friesen e. V. ihn 1984 zu seiner Jubiläumsveranstaltung bat: »Unser Wunschredner sind Sie, lieber Herr Dr. Penner!« Der Nützenberger Turnverein NTV, der Langerfelder Turnverein LTV, der Billard-Sportverein Vohwinkel 1936, der TSV Grün-Weiß, der Gehörlosen-Sportverein, hunderte andere wandten sich Klage führend, mit Anregungen, um Teilnahme an Veranstaltungen bittend, an den SPD-Bundestagsabgeordneten.

Vielen habe ich Danke zu sagen, die in der einen oder anderen Form zu diesem Buch beigetragen oder den Herausgeber ermuntert haben, die Sache zu einem befriedigenden Ende zu bringen, oder mir Rede und Antwort standen, weil sie eine kurze oder längere Wegstrecke mit Willfried Penner bewältigt haben: Axel Bürgener, Axel Claus, Bernd Dillbohner, Brigitte Dohmen, Klaus Göntzsche, Max Christian Graeff, Ursel Haarbeck, Tom Hillebrand, Hajo Jahn, Kurt Keil, Holger Kozanowski, Eckart Kuhlwein, Guido Large, Jochen Macheroux, Karl-Wolfgang Nettesheim, Daniel Penner, David Penner, Julia Penner, Bettina Petzold, Wolfgang Roth, Karin Sobania, Klaus Vater, Peter Vaupel, Elke Warwel, Rolf Gustav

Westenberger und Ernst-Andreas Ziegler. Die eine oder der andere, die in diese Reihe gehören, habe ich sicherlich vergessen. Leser mögen (ihren eigenen) Namen handschriftlich nachtragen.

Ein Lesebuch ist so entstanden, das Einblicke gewährt in das politische und persönliche Leben des Dr. Willfried Penner. Einblicke auch auf die Bonner und die Berliner Republik, in der WP gewirkt hat. Einblicke in den Bundestag, auf seine Fraktionen und mitunter originellen Persönlichkeiten. Wie schrieb noch am 18. Mai 2001 Dr. Burkhard Hirsch: »Lieber Herr Penner, es war ein Vergnügen, mit Ihnen im Parlament zu sein. Sie haben in allen Ihren Funktionen, auch in der von mir noch nicht erwähnten Aufgabe als Vorsitzender des Innenausschusses, eine hervorragende Figur gemacht, und ich habe alle Veranlassung, Ihnen zu danken, herzlich zu gratulieren, Ihnen alles Gute, Glück und die notwendige Lebensfreude zu wünschen, die mit zunehmendem Alter immer wichtiger wird.« Willfried Penner wird am 25. Mai des kommenden Jahres 85 Jahre alt.

Matthias Dohmen, Oktober 2020

Im Unterschied zum Nachlaß wird der Vorlaß (S. 10) bereits zu Lebzeiten in einem Archiv hinterlegt.

Willfried Penner 1976 mit Bundeskanzler Helmut Schmidt

Dr. Willfried Penner – Jurist, Rechtsanwalt

Geboren am 25. Mai 1936 in Wuppertal; verheiratet, drei Kinder. Träger des Großen Verdienstkreuzes mit Stern des Verdienstordens der Bundesrepublik Deutschland und weiterer Auszeichnungen. In Wuppertal mit der Goldenen Schwebebahn ausgezeichnet.

Abitur 1956 am Wilhelm-Dörpfeld-Gymnasium..

Nach rechtswissenschaftlicher Ausbildung und Promotion seit 1965 im staatsanwaltschaftlichen Dienst, zuletzt als »Erster Staatsanwalt« in Wuppertal. 1966/1967 abgeordnet an die »Zentrale Stelle der Landesjustizverwaltungen zur Aufklärung nationalsozialistischer Verbrechen«.

1983 bis 2008 Vorsitzender des Stadtsportbundes Wuppertal.

1966 Eintritt in die SPD, seitdem verschiedene Funktionen in der SPD in Wuppertal, u. a. Vorsitzender. In den Jahren 1969 bis 1973 und 1975 bis 1979 Mitglied des Rates der Stadt Wuppertal.

Von 1972 bis 2000 Mitglied des Bundestages.

Von November 1980 bis Oktober 1982 Parlamentarischer Staatssekretär beim Bundesminister der Verteidigung.

Von März 1985 bis Dezember 1991 Stellvertretender Vorsitzender der SPD-Fraktion und Vorsitzender des Arbeitskreises Inneres, Bildung und Sport.

Von 1992 bis 1994 Justitiar der SPD-Fraktion.

Von Januar 1995 bis Mai 2000 Vorsitzender des Innenausschusses.

Am 14. 4. 2000 mit 424 gegen 77 Stimmen bei 42 Enthaltungen und 2 ungültigen Stimmen zum Wehrbeauftragten gewählt. Vereidigung am 11. 5. 2000. Vom 11. Mai 2000 bis zum 11. Mai 2005 Wehrbeauftragter des Bundestags.

Vergnügt am Beyenburger Stausee

Klaus Vater
Warum die SPD Willfried Penner brauchte

Fußballspieler wissen das: Jede Mannschaft braucht die überlegt und ausdauernd spielenden Stützen, den Typus des Herbert »Hacki« Wimmer beispielsweise, der Günter Netzer gegen Attacken abschirmte, oder den Typus Josef »Jupp« Kapellmann, der aufräumte, den Ball eroberte und der Angriffe starten konnte: Selbstbewusst, auffassungsrasch, schlau. Keine Fußballmannschaft kann ohne diesen Typus erfolgreich spielen, es sei, sie hat ein Abonnement auf Niederlagen.

Nachdem ich der Bitte entsprochen hatte, einen Text über Willfried Penner und seine Zeit anzugehen, entstanden die Bilder von Wimmer und Kapellmann und anderen in meinem Kopf. Warum das so war, weiß ich nicht genau. Gehört Willfried Penner, aufs Politische gewendet, in diese »Kategorie«? Zählte er zu denen, die »ihren Laden« zusammenhielten, die zwischen unterschiedlichen Positionen Stabilität herstellten, die darauf achteten, dass die Institutionen intakt blieben, die gleichzeitig für Veränderung sorgten?

In jedem Land und in jeder Gesellschaft mit demokratischer Verfassung gibt es solche Stabilisatoren. Es muss sie geben. Das sind nicht unbedingt unumstrittene Persönlichkeiten, sie sind aber dennoch weitestgehend geachtet. Geachtete Frauen und Männer. Ich möchte hier sogleich einschieben: Urteile über Persönlichkeiten aus der Politik sind in der Regel ungerecht, weil die Beobachtenden, die Urteilenden stets nur eine Oberfläche untersuchen sowie einige »Hautschichten« darunter und außerdem nur das erfahren, was sie erfahren sollen.

Was Netzer und Wimmer miteinander damals neben dem Platz und in der »Umkleide« besprachen und was Overath oder Flohe dem Kapellmann geflüstert haben, das blieb zumeist verborgen. Das ist gut so. Denn die Welt wird nicht reicher, wenn jedes Wort in alle möglichen Ohren dringen kann, sondern sie wird ärmer an Hingabe und Vertrauen. Lediglich das Misstrauen schwillt an. Wenn ich mich nicht täusche, hat Willfried Penner sich dieser Regel bedient.

Er wurde 1936 geboren. 54 Jahre seines Lebens hat er im 20. Jahrhundert verbracht, er ist also ein Kind des »Zeitalters der Extreme«, wie Eric Hobsbawm das 20. Jahrhundert nannte. Bilder der Feuerstürme nach Bombardements im engen Tal der Wupper hat er heute noch im Kopf. Er hat diese entsetzliche Zeit mit ihren grausamen Erlebnissen präsent. Sie hätten ihn, sagt er einfach, geprägt. Wir Spätere, nach dem Krieg Geborene können das nur so hinnehmen. Auch das ist gut so. Weil wir nicht wissen, ob dieser reale Horror uns nicht die Kraft fürs Leben geraubt hätte.

Willfried Penner gehörte zu den fünf Prozent eines Jahrganges, die damals ein Gymnasium besuchten, besuchen konnten; in seinem Fall ein altsprachliches Gymnasium mit Latein und Altgriechisch. Er gehörte zur überschaubaren Schar Mädchen und Jungen, vor allem Jungen, die von den Eltern auf den Bildungsweg gebracht wurden, die aber keinem traditionell bildungsbürgerlichen Elternhaus entstammten. Leicht hatten die es in aller Regel nicht. Tempi passati, über die Schulzeit damals wird wenig gesprochen. Noch Anfang der sechziger Jahre hieß es in einer *Spiegel*-Übersicht: 45 000 Abiturienten im Land bereiteten sich auf die Reifeprüfung vor, das sei der Rest von 140 000, die einmal die Sexta-Bänke gedrückt hätten. Es war ein Vorgang des Aussiebens, der viele Karrieren unterbunden und Hoffnungen zermalmt hat. Auch das hat geprägt. Kinder sowie Jugendliche litten nach dem Krieg nicht an Reizüberflutung, sondern sie hatten Hunger nach geistiger Nahrung.

Er hat 1956 das Abitur abgelegt und 1960 in Köln nach Studienaufenthalten in München und Münster das erste juristische Staatsexamen bestanden – an einer Fakultät mit zwiespältiger Geschichte. Die hatte 1929 Hans Kelsen berufen, um ihn 1933 zu suspendieren, weil er nicht »arisch« war. Kelsen emigrierte in die Vereinigten Staaten, er lehrte in Harvard, sein Erbe lebte in der westdeutschen Sozialdemokratie weiter. Er war der Sozialdemokratie freundlich gesonnen, ohne je deren Mitglied gewesen zu sein.

Wenn ich nicht daneben liege, lebte in Willfried Penner die Parlamentsvorstellung Kelsens, wonach zum demokratischen Verfahren Regierung und Opposition gehören, beide zusammen, getrennt und dennoch miteinander verbunden. Zu Kelsens Erbe gehörte auch, unüberbrückbare Gegnerschaft zwischen Demokraten auszuschließen. Demnach bedeutete Opposition Wartestand. Der Weg Willy Brandts ist beredtes Beispiel hierfür: 1961 verloren, 1965 verloren, 1969 gewonnen.

Drei Jahre vor Penner hatte übrigens in Köln Gerhart Rudolf Baum das erste juristische Staatsexamen abgelegt. Der ging danach in Köln für die FDP ins politische Rennen. Den Wuppertaler Penner ordnete die NRW-Landesregierung mit dessen Zustimmung nach Ludwigsburg ab, an die Zentrale Stelle der Landesjustizverwaltungen zur Aufklärung nationalsozialistischer Verbrechen.

Die Zentralstelle wurde damals personell aufgestockt. Über 7000 Verfahren wurden von dort den Gerichten zugeleitet. Es wären rascher mehr gewesen, wenn ein großer Teil der Bevölkerung den Ludwigsburger Staatsanwälten nicht mit tiefem Misstrauen begegnet wäre, wenn aus anderen, von den Nazis eroberten und gequälten Ländern Prozessakten ungehindert geliefert und die zentrale Stelle nicht erbärmlich schlecht ausgestattet worden wäre.

Tiefes Misstrauen und Ablehnung der Arbeit der Ludwigsburger Staatsanwälte? Ja, das war so. Dem jungen Staatsanwalt Willfried Penner würden Nazismus, Rechtsradikalismus, Antisemitismus noch oft in seinem Leben begegnen, bis in die neunziger Jahre und den Beginn des neuen Jahrhunderts hinein. Die Begegnung und die Auseinandersetzung mit den Antidemokraten auf der rechten Seite ist Teil der Signatur dieser Zeit.

Wir hören und lesen oft über die Spaltung unserer heutigen Gesellschaft. Die ist real. Aber die damaligen Spaltungen gingen tiefer. Stadt und Land trennten die Menschen. Bildung und Vorankommen durch Energie und Können mussten Berge übersteigen. »Links« war a priori verdächtig, und für die harten Konservativen führten eben alle Ideen der SPD nach Moskau. Rechts bis Rechtsaußen galt ebenso a priori als staatsnah und irgendwie unersetzlich. All das löste sich nur sehr langsam unter dem Wirken liberaler Geister und unter dem Eindruck der Brandt und Erler, Schmidt und Arndt und Zinn und anderer auf. Vom Jetzt mit seinen Möglichkeiten und Sicherheiten war man damals aber so weit weg wie … die Männer auf dem Mond, Neil Armstrong, Michael Collins und Buzz Aldrin 1969 von Houston. Mindesten so weit.

Das mag ein wenig melancholisch klingen, war freilich nur ein Teil des »Zeitalters der Extreme«. Der andere Teil war Aufgabe, Reiz, neudeutsch: Herausforderung. Junge Frauen und junge Männer wollten damals nicht nur Signaturen aufschlüsseln, sondern sie wollten ihre Handschriften in der Zeit hinterlassen. 1966 wurde Willfried Penner Sozialdemokrat durch sein Mitgliedsbuch. Das war – pardon – etwas anderes als heute. Heute wird Mensch Mitglied. Damals trat Mensch bei, um fortan dazu zu gehören. Man »gehörte der SPD an«.

Das Mitgliedsbuch war blau. Der Beweis für die fortdauernde Mitgliedschaft waren die monatlichen Mitgliedsmar ken, feinsäuberlich eingeklebt, vom Kassierer des zuständigen Ortsvereins überbracht. Der war eine Art fleischgewordenes »Mitteilungsblatt«. So unendlich wichtig und durch digitalen Klimbim nicht zu ersetzen. Jeder und jede gaben acht auf ihr SPD-Büchlein. Es gab übrigens nur wenige Dinge, die über Trennendes wie Partei, Religion und Status hinweg verbanden. Das Marken-Einkleben gehörte dazu. »Sozis« taten es, die damals so genannte »Putzfrau« und die des Apothekers, der Junge aus dem Lehrerhaushalt ebenso wie das Töchterlein des Maurers.

Willfried Penner wurde 1. Staatsanwalt in seiner Heimatstadt, er wurde in den Stadtrat gewählt und 1972 nach dem Misstrauensvotum gegen die Regierung Brandt und Neuwahl in den Deutschen Bundestag gewählt.

»Deutsche, Ihr könnt stolz sein auf Euer Land«, rief die Partei Willy Brandts der Wahlbevölkerung zu. Und zum ersten Mal in der Geschichte der Bundesrepublik wählten die Arbeiter mehrheitlich SPD. Sie hat das nie wieder erreicht. Sie war damals Partei eines Lebensgefühls. Man fühlte sich sozialdemokratisch, war für den Frieden, wollte Gerechtigkeit in Leben und Arbeit, man fand leicht eine kulturelle Verbindung zwischen Hans-Joachim Kuhlenkampf, Johannes Mario Simmel, Hildegard Knef und Willy Brandt. Innerlich bereitete sich die westdeutsche Republik auf eine geordnete, sozial gesicherte Zukunft vor.

Es war eine kurze Zeitspanne. Denn bald zeigte sich, dass die lange Zeit des »Burgfriedens« zwischen Kapital und Arbeit mit ungefährdeter Akkumulation und wachsenden Exporterlösen zu Ende ging: Der monetäre Rahmen mit dem US-Dollar als Leitwährung zerbrach; die Ölpreise explodierten; die Konkurrenz für die deutschen Unternehmen auf den Gütermärkten wurde von Jahr zu Jahr stärker; die Verteidigungsausgaben wuchsen; die ersten Kostendämpfungsrunden in den Sozialsystemen starteten.

Auf den Staatsanwalt aus Wuppertal, einen »gelernten Innen- und Rechtspolitiker«, wartete haufenweise Arbeit: Das Rechtssystem musste insgesamt modernisiert werden. In ihm lebte Heinrich Manns »Der Untertan« fort; ebenso waren im Rechtssystem das von den Nazis geprägte Wort »Gefolgsmann« sowie Zustände zu finden, die an Heinrich Spoerls Satire »Der Maulkorb« erinnerten. Das auf Familie und Zusammenleben, auf Wohnen und Arbeiten angewendete Recht, das Recht für Frauen und Kinder und Heranwachsende warteten auf Reform, sofern es überhaupt für die ein nennenswertes Recht mit Rechtsansprüchen gab. Das gesamte Sozialrecht wartete auf eine systematische Überarbeitung und Neuordnung. Der Bundeswehrsoldat wartete darauf, dass das Versprechen, ihn als »Bürger in Uniform« zu behandeln, endlich umgesetzt wurde. Das war die große Zeit der Frauen und Männer aus der Generation Willfried Penners.

Meine Beobachtung als damals junger Nachrichten-Redakteur war: Diese jungen Frauen und Männer brauchten keine lange Anleitung, um sich zurechtzufinden. Die einen in der SPD zog's, wie es nach der »Gesäßgeographie« so heißt, auf die linke Seite, die anderen auf die rechte Seite. Etwas ironisch zugespitzt: Die Lehrer nach links, die aus der Kommunaldemokratie nach rechts.

Nein, zum Lachen ist das eigentlich nicht. Denn in diesen Sortierungen steckt wie heute auch noch die Haltung zur Macht in der Demokratie. Die einen wollen die Macht erhalten; auch um des Preises willen, nur Teile der eigenen Ziele erreichen zu können. Die anderen sind bereit, Macht aufzugeben, weil die Zielmarke nicht voll erreicht wird.

Willfried Penner hat sich auf die Seite der Rechten geschlagen.

Rechts? Willfried Penner ist ein Freund geordneter, auf Recht und auch Vertrauen (!) gründender Verhältnisse. Diese müssen sich durch friedlichen Umgang miteinander, durch Gerechtigkeit in den Beziehungen und Abhängigkeiten sowie durch klares Urteilsvermögen der Handelnden auszeichnen. Manches davon wurde in den Jahren nach dem Übergang von Brandt zu Helmut Schmidt auf harte Proben gestellt.

Denn in Deutschland setzte sich ein Dämon fest. Nicht im Sinne einer übernatürlichen Gestalt, sondern als unfassbare, schier unaufhaltsame, zerstörende Gewalt: Die Massenarbeitslosigkeit. Das Wort ist heute fast aus der Alltagssprache verschwunden. Dieser »Dämon« hat auch die Arbeit Willfried Penners über 25 Jahre begleitet. Seine Arbeit mitgeprägt. Die Frauen und Männer der SPD hatten früher eine Art »Machbarkeits-Gen« in ihren tiefen Überzeugungen. Das ist an der Massenarbeitslosigkeit zerbröselt, durch sie aufgelöst worden. Man glaubte, diesen »Dämon«, der die Weimarer Republik zusammen mit dem Nationalsozialismus zerstört hatte, vertrieben zu haben. Innenpolitisch sei die Sicherung der Arbeitsplätze die Aufgabe Nummer 1 im Land, schrieb Kanzler Helmut Schmidt bereits im Jahresbericht 1976 der Bundesregierung.

Die Massenarbeitslosigkeit lag damals in der Nähe einer Million. Sie würde später, als Willfried Penner bereits nicht mehr im Parlament war, erst bei fünf Millionen registrierten Arbeitslosen Halt machen. Dazwischen lagen schier unentwegt steigende Arbeitslosenzahlen, eine vergebliche Kanzlerkandidatur des Franz Josef Strauß, die erste Massentötung durch Neu-Nazi 1980 auf dem Münchner Oktoberfest; dazwischen lag eine Botschaft des neuen Kanzlers Helmut Kohl an die Deutschen, die lautete: Du bist deines Glückes Schmied, und hast du was, dann bist du was. Dazwischen lagen die quälenden Auseinandersetzungen über eine Gegenrüstung Europas und Deutschlands auf die Vorrüstung der Sowjetunion mit SS-20-Raketen. Auf dem entsprechenden Parteitag der SPD 1983 in Köln erhielt Helmut Schmidt, der Kanzler a. D., nur noch 14 Stimmen beim Eintreten für die Gegenrüstung. Eine Stimme war die des Willfried Penner.

Dazwischen lag auch der Flick-Untersuchungsausschuss des Deutschen Bundestages mit der Vermutung, Teile der demokratischen Ordnung seien käuflich geworden. Wer die Debatten zum Thema nachliest, der merkt, wie sehr Willfried Penner sich herausgefordert sah. Er erwog Beschlagnahmungen durch den Untersuchungsausschuss, bestand auf Akteneinsicht, wo die Regierung schwärzen wollte. Der Flick-Untersuchungsausschuss war wie eine Erschütterung, wie ein Erdbeben.

Sechzehn Jahre verbrachte Willfried Penner in der Opposition, nachdem er 1980 bis zum Herbst 1982 Parlamentarischer Staatssekretär beim Bundesminister der Verteidigung geworden war. Sowohl er als auch Verteidigungsminister Hans Apel, seit 1978 in diesem Amt, waren sogenannte »Ungediente«; sie hatten keinen Wehrdienst geleistet. Der ehemalige Staatsanwalt wurde 2000 zudem auf fünf Jahre zum Wehrbeauftragten gewählt. Auch hier ist es erforderlich, einen Blick zurückzuwerfen.

Die Bundeswehr war nach ihrer Gründung eine Domäne der Konservativen und wesentlich beeinflusst von Offizieren, die schon Hitlers Rock getragen hatten. Es gab noch welche, die zuerst auf den Kaiser vereidigt worden waren, die dann der Republik die Treue geschworen hatten, anschließend Hitler und schließlich der Demokratie nach 1949. Die SPD hatte sich vorgenommen, die Bundeswehr für die Demokratie zu gewinnen. Die Soldaten sollten sich ihrer Aufgabe in der Demokratie bewusst werden. Es ging um über eine halbe

Million Männer in Uniform und um weitere Hunderttausende Reservisten. Die gehörten in die Mitte von Politik und Gesellschaft und nicht an deren Rand. Um das zu organisieren, benötigte man Politiker wie Willfried Penner.

Die 16 Jahre Opposition waren eine schwere Prüfung. Es war ein politischer Marathonlauf. Denn es galt Jahr um Jahr immer wieder gegen eine machtbewusste Koalition anzurennen. In jedem Politikbereich wurden Dutzende Alternativen, Gegenentwürfe geschrieben, die nach kurzen öffentlichen »Kenntnisnehmen« in den Schubladen verschwanden. Die SPD-Opposition benötigte während dieser Jahre Stabilisatoren wie Willfried Penner dringender denn je; zumal die SPD ihre Rolle als frühere Lebensgefühl-Partei fast völlig eingebüßt hatte. Der Erfolg der SPD 1998 war auch ein Ergebnis des damaligen Durchhaltevermögens. Im Wortschatz der Durchhalte-Künstler kam das Wort »weglaufen« nicht vor.

Willfried Penner hat zwischen 1990 und 2000 ein arbeitsreiches Jahrzehnt absolviert. Die Einheitsverträge mussten umgesetzt werden. Das Management der Fraktionsführung der SPD, zu der Penner gehörte, wurde gefordert. Fünf Jahre lang war er Vorsitzendes des Innenausschusses des Bundestages, in welchem alles zusammenlief, was öffentliche Sicherheit oder auch den Sport betraf. Er bewarb sich 1998 zum letzten Mal um ein Bundestagsmandat im Wahlkreis Wuppertal II, um mit 55,2 Prozent der Erststimmen gewählt zu werden.

Er hat damals an einen Mann aus der römischen Geschichte erinnert, an Lucius Quinctius Cincinnatus. Der war zwei Mal von den (alten) Römern zu Kriegszeiten mit außerordentlicher staatlicher Macht ausgestattet worden, beide Male hatte er sofort die Macht zurückgegeben, als seine Aufgaben erledigt waren, um seine Felder wieder unter den Pflug zu nehmen – die Stadt Cincinnati in Ohio trägt den Namen dieses Römers. Er hat nicht gezögert, aus der Hand geben, was ihm auf Zeit verliehen worden war.

Von der Ludwigsburger Zentralstelle bis nach Berlin über Wuppertal und Bonn: das »Zeitalter der Extreme« hat sich in Deutschland schließlich mit einem freundlichen Akzent verabschiedet. Das ist nicht zuletzt das Verdienst der Frauen und Männer aus der Generation Willfried Penners. Sie hinterließen eine zivile Gesellschaft, die sehr viel mehr auf Mitbestimmung und Gleichheit steht als andere Gesellschaften. Wie lange dieses Erbe vorhanden sein wird, und ob es weitergegeben wird, steht allerdings auf einem anderen Blatt.

Bernhard und Elisabeth Penner, die Eltern, vermutlich Anfang der 30er-Jahre in Elberfeld

Katharina und Willfried Penner mit Daniel (links) und David

Willfried Penner und Elke Warwel

Sohn, Ehemann, Vater
Aus dem persönlichen Leben

Willfried Penner wurde am 25. Mai 1936 in Wuppertal geboren. Seine Eltern waren Bernhard Penner, kaufmännischer Angestellter, und Elisabeth Penner, die bis zur Heirat als Kontoristin gearbeitet hatte.
WP ist mit zwei Geschwistern groß geworden, der heute im Hessischen lebenden Schwester Sigrid, geboren am 26. Januar 1941, und dem älteren im Jahre 2005 in Wuppertal verstorbenen Bruder Gerd, geboren am 3. September 1928.

In erster Ehe war Willfried Penner mit Katharina, geb. Neubert, verheiratet, geboren am 12. Oktober 1939 in Leipzig, gestorben nach schwerer Krankheit am 29. Januar 2008 in Wuppertal. Die Journalistin, die für die NRZ arbeitete, war auch Mitbegründerin der Else-Lasker-Schüler-Gesellschaft. Ihre Familie flüchtete nach Niederlage und Befreiung in den Westen Deutschlands und fand in Bonn-Bad Godesberg eine neue Heimat. Katinka (so ihr Rufname) studierte Politikwissenschaft und stieß über ein Volontariat beim Bonner »Generalanzeiger« auf ihren Traumberuf. Später wechselte sie zur NRZ nach Wuppertal, wo sie als stellvertretende Lokalchefin arbeitete, wiederum später in die Zentralredaktion in Essen. 1969 lernten sich Willfried und Katharina beim Tanz in den Mai kennen und heirateten ein Jahr später. Die Kinder heißen Julia, Daniel und David.
Elke Warwel und Willfried Penner sind seit dem 27. Februar 2010 verheiratet. Sie wurde am 4. März 1940 in Wuppertal geboren. Als diplomierte Übersetzerin für Französisch und Spanisch arbeitete sie für Dienststellen der Bundesrepublik Deutschland in Bonn und später in Paris.

Elisabeth Penner mit Willfried und Sigrid, etwa 1943

1. Schultag an der Volksschule Distelbeck am 18. 8. 1942
In der 2. Reihe ganz links: Willfried Penner

Matthias Dohmen
Auf den Brettern, die die Welt bedeuten

Er war, so meint Karl-Wolfgang Nettesheim, sein Freund und Klassenkamerad von ehedem, halt schon immer ein Mann des Deklamierens. »Die Heimkehr des Odysseus« hieß das Stück, das Schüler des Dörpfeld-Gymnasiums aufführten und in dem Willfried Penner einen griechischen Gott darstellte »und den Erich Ollenhauer gab«. Auf den Brettern, die die Welt bedeuten, agierten zwar antike Götter und Heldengestalten, doch die Texte waren aktuell: Zeitgeschichte in altgriechischen Kostümen, dargeboten in den Zoosälen, die damals vom Dörpfeld-Gymnasium für Sommerfeste genutzt wurden.

Seine Tochter Julia hat immer gedacht, die literarische und schauspielerische Ader von der Mutter geerbt zu haben, auf deren Grabstein das Wort von Else Lasker-Schüler steht: »Ich suche allerlanden eine Stadt, / die einen Engel vor der Pforte hat«. Aber den Hunger nach den Brettern, die die Welt bedeuten, hat sie dann doch vom Vater, glaubt sie heute.

In der Ankündigung hieß es vielversprechend, es werde »ein Abend über Else Lasker-Schüler, ihr zu Ehren, aber auch der Stadt, aus der sie kam: Wuppertal«. Am 5. und 6. Dezember 2009 lasen und spielten im Kleinen Schauspielhaus – auch diese Einrichtung ist längst Geschichte – Julia Penner, Alexander von Hugo und Willfried Penner. Auf dem Programmzettel lautete die Ankündigung: »Drei Wuppertaler nähern sich dem Leben und Werk Else Lasker-Schülers. Ausgehend von ihrer Kindheit in der Arbeiterstadt Wuppertal über ihre Hauptschaffensphase in Berlin bis hin zu ihrem Tod in Israel. Ein Leben voller Widersprüche und Aufbegehren, nie unumstritten und, wie es scheint, immer auf der Suche nach einer Stadt, die einen Engel vor der Pforte hat – nach Heimat.«

WP, so erinnert sich Julia Penner weiter, hatte »so viel Arbeit nicht erwartet«. Geprobt wurde auf einer Probebühne, und der Berufspolitiker hatte Schwierigkeiten und »sah mitunter in die falsche Richtung«.

Die Collage drehte sich um das Leben der großen deutschen Dichterin, ihre Begegnung mit Gottfried Benn, um Lasker-Schülers Sohn Paul, ihre Kindheit in Wuppertal und ihr Wirken in der deutschen Hauptstadt.

Julia Penner und Alexander von Hugo lernten sich in Berlin kennen, und zwar an der renommierten »Hochschule für Schauspielkunst Ernst Busch«. Sie entdeckten die gemeinsamen Wuppertaler Wurzeln: »Während die anderen ›berlinerten‹, machten wir Eindruck mit Wuppertaler Platt.« Bis zur Idee, eine szenische Lesung mit Texten von ELS zu schreiben, war es dann nicht weit. Zuerst bezweifelte Willfried Penner, »dass man diesen Stoff auf die Bühne bringen kann«, sagte er seinerzeit der »Wuppertaler Rundschau«, doch nach den ersten beiden Proben glaubte er an den Erfolg. »Julia und Alexander sind gnädig mit mir. Für mich als Laien ist es ein Lernprozess zu sehen, wie ein Theaterstück entsteht, aber die eine oder andere Idee habe ich zur Arbeit schon beigetragen.«

Klaus Göntzsche schrieb in Heft 1/2010 des Magazins »Die beste Zeit« auf Seite 17 über die beiden ELS-Abende: »Es gibt Abende im Theater, in der Oper, im Kabarett oder in anderen Stätten der Unterhaltung, die hat man schon vergessen, wenn der Mantel an der Garderobe abgeholt wird. Und dann gibt es Aufführungen, die bleiben haften. Man möchte sich nicht einmal von der Eintrittskarte trennen. Obwohl man mit reichlich Skepsis gekommen war.«

Jochen Macheroux
Der Sportler

Willfried Penner sei sich für nichts zu schade gewesen, lautet das übereinstimmende Fazit der Sportfreunde von früher. Für »Oma Koch« (Rolf Koch, ein talentierter Spieler, der vielfach den Verein wechselte) soll er sogar einen Leserbrief geschrieben haben.

Die Hausnummer hat er nicht vergessen. Nützenberger Straße 288, da hat Willfried Penner seine Jugend verlebt. Fußball wurde auf der Straße oder aber auf dem Aschenplatz auf der Kaiserhöhe gespielt. Beim Straßenfußball fällt sofort der Name Rolli Westenberger. Für Willfried Penner war klar: »Der war klasse und viel besser als ich.«

Sportlich trennten sich die Wege der Jungen, die oft zusammen auf der Straße gespielt hatten. Rolf Westenberger, der später erfolgreich als Vertriebsleiter bei der Wicküler-Brauerei arbeitete, spielte in der Jugend für den TSV West, einen ehemaligen Arbeitersportverein und Vorgänger des BV 1885 auf der Kaiserhöhe. Willfried Penner folgte einem Schulfreund und spielte vier Jahre in den Jugendmannschaften der TSG Vohwinkel 1880.

Warm machen vor dem Training war nicht groß angesagt. Vom Nützenberg bis zur Waldkampfbahn oder dem »Acker« auf der Tesche ging es mit per pedes apostolorum. Nicht so weit war der Weg zum Stadion am Zoo, dort spielten die beiden Rivalen SSV 04 Wuppertal und der TSG Vohwinkel in der damaligen 2. Liga West. 1954 fusionierten die Konkurrenten zum Wuppertaler SV.

Im Stadion am Zoo schlug das Herz des Schülers für die »Füchse« aus Vohwinkel. »Den Speckjägern konnte ich nichts abgewinnen.« Speckjäger wurde im Volksmund die 1. Mannschaft des SSV genannt. Geschäftsleute von der Hofaue und andere Nachkriegsneureiche unterstützten den SSV. Die halbe SSV-Mannschaft bestand damals aus Spielern des ehemaligen Dresdner SC, die sich im Westen eine neue Existenz aufbauen konnten.

Nach Abitur und Jurastudium kehrte Willfried Penner 1965 in seine Heimat zurück. In seinem sportlichen Comeback blieb er dem Nützenberg weiter verbunden. 1968 wurde der Jurist 2. Vorsitzender des BV 1885. Die Strukturen des Vereins, der im schönsten Wuppertaler Landschaftsschutzgebiet auf der Kaiserhöhe seine Spielstätte hat, sind von jungen Menschen geprägt, die sehr viel in ihrer Jugend entbehren mussten. Die Adressen, also Vogelsaue, Anilinstraße oder das Teilstück der Friedrich-Ebert-Straße gegenüber dem Bayer-Werk, waren von Armut und auch schlechter Luft geprägt.

Für Willfried Penner war es der Wiedereinstieg in den Wuppertaler Sport und in die Netzwerke der Wuppertaler Politik: Von 1969 bis 1974 lernte der Jurist als Vorsitzender des Sportausschusses des Rats der Stadt ganz schnell die Wuppertaler Sportplätze, Spiel- und Turnhallen wie auch die Bedürfnisse der Menschen kennen. Willfried Penner investierte viel Zeit und vor allem Sachverstand in den Wuppertaler Sport. Dabei fiel es ihm nicht schwer, die Interessen von Minigolfern mit denen des elitären Golfsports gleichzustellen.

Geblieben sind in bester Erinnerung die positiven Kontakte zu Fußballspielern wie Gerd Bönschen und Ernst Orthmann von Viktoria 96 sowie dem knochenharten Abwehrspieler des WSC, Rainer Kandler, oder den ehemaligen LTV-Handballspielern Klaus Fersing und Peter Bodem. Die Basketball-Zwillinge Petra und Martina Kehrenberg begrüßt Willfried Penner öfters bei Spaziergängen mit seiner zweiten Frau in der Gelpe. In bester Erinnerung sind auch die Verstorbenen Klaus Zentara (Grün-Weiß) und Alfred Henckels

(RSC Cronenberg). »Die beiden haben für den Sport in Oberbarmen und Cronenberg viel bewegt.« Dass Wuppertal einst eine Schwimmhochburg mit ihrem Trainer Heinz Hoffmann war, verdanken die Wasserfreunde auch den einflussreichen bundesweiten Netzwerken des sportaffinen Politikers.

25 Jahre hat sich Willfried Penner als Vorsitzender des Stadtsportbundes als Lobbyist für den Wuppertaler Sport eingebracht. Ein sportliches Comeback vollzog er 1970. Walter Mühlhausen, der langjährige Vorsitzende des ASV Wuppertal, hatte ihn überzeugt, dem Verein Bergische Sportpresse beizutreten. Der Mittwochnachmittag wurde für den Fußball in der Heckinghauser Halle reserviert. Auch Manfred Reichert, Holger Fach und einige ehemalige WSV-Trainer spielten dort. Gefürchtet waren Willfried Penners »Drop Kicks«. Es waren, auch wenn in der Halle die Geschwindigkeit des Balls nicht gemessen wurde, »Bomben-Tore«der Marke Willfried Penner. Sie bleiben in Heckinghausen unvergessen.

Dem Verein Bergische Sportpresse ist Willfried Penner inzwischen fünfzig Jahre als Mitglied verbunden. Für den Rentner schlägt das Herz sportlich, für Schwarz-Gelb. Die Chronik der Cracks von Borussia Dortmund, aber auch die jungen aktuellen Wilden bereiten dem großen Sportexperten viel Freude.

Willfried Penner und Heinz Hoffmann, der Trainer der
Leistungsschwimmer der Wasserfreunde Wuppertal,
im Schwimmsport-Leistungszentrum Küllenhahn

Ernst-Andreas Ziegler
Von der Fremdenlegion befreit

Die folgende Geschichte, eine wahre Geschichte, stammt aus der Feder des seinerzeitigen Leiters des Presseamtes der Stadt Wuppertal. Zuerst per Mail, dann eben ausführlicher und nach Rücksprache mit einem Beteiligten berichtet Ernst-Andreas Ziegler über eine Begebenheit aus der »Bonner Zeit« Willfried Penners, der sich im Übrigen, mit der erwähnten Mail bekannt gemacht, an nichts erinnern konnte. Auch nicht nach längerem Nachdenken. Und nach dem Lesen der Langfassung nur »sehr, sehr unbestimmt«. Anlass für einen Historiker, ins Grübeln zu verfallen. In der 37. Kalenderwoche des Jahres 2020 geschieht das Unerwartete: Beim Sichten des umfangreichen Vorlasses von WP im Archiv der sozialen Demokratie (AsD) der Friedrich-Ebert-Stiftung (FES) in Bonn stieß ich unter der Registernummer 1/WPAF000105 auf ein Dokument der deutschen Botschaft in Paris vom 24. Mai 1982, das den Vorgang bestätigt – einschließlich der Klarnamen der beiden Fremdenlegionäre und des Ortes, an dem sie Dienst taten, nämlich Castelnaudary.

Ende Januar 1982, vermutlich am 29. Januar, verschwanden zwei junge Wuppertaler spurlos. Mit ihnen fehlte das Auto der einen Mutter. Ihre Familienangehörigen waren verzweifelt. Sie schalteten die Polizei ein, veranlassten Suchaufrufe über die Radiosender. Alles vergeblich. Nach Wochen erfuhr die Mutter, dass ihr Auto in Straßburg in der Nähe einer Anwerbestelle der Fremdenlegion geparkt sei. Dann meldete sich einer der beiden Jungen, ein 18-jähriger, bei den Eltern, sie seien bei der Fremdenlegion. Und das sei die Hölle. Er habe eine neue Identität, auch einen neuen Namen. Der Vater dieses 18-Jährigen war einer meiner Mitarbeiter. Der junge

Mann lebte nach der Scheidung der Eltern bei der Mutter, die neu geheiratet hatte. Der Vater und seine Ex-Frau hielten freundschaftlichen Kontakt. Er wollte unbedingt seinen Sohn heimholen, und er bat mich dringend um Hilfe. Alle unsere Recherchen und auch die Versuche der Familien, Auskünfte bei der Fremdenlegion einzuholen, scheiterten.

Schließlich bat ich Willfried Penner telefonisch um Rat. Er war damals Parlamentarischer Staatssekretär im Verteidigungsministerium. Nachdem ich die Personendaten übermittelt hatte, rief er am nächsten Tag zurück und erklärte, zwischen Deutschland und Frankreich bestehe eine offizielle Vereinbarung, dass Angelegenheiten der Fremdenlegion tabu seien. Anfragen dürfe selbst er nicht stellen. Einige Tage später, vermutlich Mitte Mai, erschien im Presseamt ein Offizier aus dem Verteidigungsministerium. Meiner Sekretärin sagte er, er müsse mich persönlich sehen. Er habe den Auftrag, mir einen verschlossenen Brief zu überreichen. Den Inhalt kenne er nicht.

Wieder allein, öffnete ich den Umschlag. Drin war der Hinweis auf die Ausbildungskaserne der Fremdenlegion in Castelnaudary im Südwesten Frankreichs. Sonst nichts. Ohne die Quelle zu nennen, unterrichtete ich meinen Mitarbeiter, sein Sohn sei dort. Wir besorgten einen Notausweis. Ich gab ihm sofort frei. Er fuhr umgehend mit dem Mann seiner Ex-Frau, also dem Stiefvater, nach Castelnaudary. Im Zentrum der kleinen Stadt, wo die Legionäre mit Ausgangsgenehmigung – kahlgeschoren und ohne Kopfbedeckung – sich bewegen duften, suchten sie nach dem Sohn. Weil sie von Einheimischen nach zwei Tagen gefragt worden waren, was sie denn suchten, zogen sie in ein 20 Kilometer entferntes Hotel um, hielten jedoch tagsüber weiterhin in Castelnaudary Wache. Nach zehn Tagen brachen sie ergebnislos ab und fuhren nach Wuppertal zurück.

Dem Vater ließ das aber keine Ruhe. Er fuhr am 3. Juni erneut los. Schicksalhaft meldete sich an diesem Tag der Sohn telefonisch bei der Oma. Sie sagte ihm, der Papa – nun begleitet von ihrem Mann, dem Großvater – werde in einigen Stunden wieder in Castelnaudary sein. Es sei alles für seine Flucht vorbereitet. Kaum war der Vater wieder dort angekommen, traf er dort seinen Sohn und einen anderen Jungen aus Monheim, der aus Angst vor Strafe ebenfalls zur Fremdenlegion abgehauen war (nachdem er daheim ein Moped gestohlen hatte). Auch dieser Junge wollte flüchten. Vater und Großvater brachten die beiden zum nahe geparkten Auto und fuhren sofort los. Nach wenigen Kilometern entledigten sich die beiden ihrer Uniformen und Stiefel.

Für seinen Sohn hatte der Vater neue Kleidung mitgebracht, dazu eine Perücke. Der zweite junge Mann war barfuß, hatte nur ein T-Shirt, wurde im Kofferraum hinter Koffern eingeklemmt. Nach 1.400 Kilometern Fahrt, nur mit Zwischenhalt an Tankstellen, erreichten sie nachts die deutsch-französische Grenze bei Kehl, und der Zöllner, der mit einer Taschenlampe auch in den Kofferraum leuchtete, hatte den einen jungen Mann auf der Rückbank schlafen lassen und den Versteckten nicht entdeckt. Das war ein gefährliches Unternehmen – schließlich waren die beiden Flüchtigen Deserteure. Bis heute haben sie aus Angst vor Gefängnisstrafen Frankreich gemieden.

Weil ich mit Willfried Verschwiegenheit vereinbart hatte – für ihn war das politisch sehr heikel –, ist diese Geschichte niemals öffentlich geworden. Und auch meinem ehemaligen Mitarbeiter hatte ich Penners Unterstützung nicht wirklich offenbart. Und sein Sohn wusste natürlich erst recht nichts. Also konnten sie sich bei Willfried auch nicht bedanken.

Warum die beiden jungen Männer damals ihre Familien verließen? Wie der Sohn später seinem Vater erzählte, standen er und sein Freund – ohne Wissen der Familie – lange unter dem Einfluss eines älteren Mannes, offensichtlich ein Nazi, der den jungen Männern begeistert vom Soldatenleben vorgeschwärmt und ihre Abenteuerlust auf die Fremdenlegion gelenkt hatte. Auch was aus dem zweiten Wuppertaler wurde, ist ebenfalls belegt. Er war bereits von Castelnaudary zu einer Fallschirmjägereinheit nach Korsika verlegt worden. Das Beispiel meines Mitarbeiters vor Augen, schaffte es dessen Familie Monate später ebenfalls, dem Sohn zur Flucht aus Korsika zu verhelfen. Auch dafür beschafften wir Notausweise.

Diese Geschichte belegt, dass sich Willfried – ähnlich wie Johannes Rau – um verzweifelte Menschen kümmerte, auch wenn ihm das keine weitere Publizität einbrachte. Sehr ehrenwert für einen Politiker.

Bettina Petzold und Guido Large
Aus Wuppertal in Berlin ...
Der neunte Wehrbeauftragte des Deutschen Bundestages:
Ein Verfassungsorgan aus der Nähe betrachtet

Von 2000 bis 2005 bekleidete Willfried Penner das Amt des Wehrbeauftragten. Zum Abschluss dieser Tätigkeit überreichten ihm Mitarbeiterinnen und Mitarbeiter einen dicken Folianten, der sämtliche in seiner Amtszeit erarbeiteten Berichte sowie die diesbezüglichen Reden Willfried Penners im Deutschen Bundestag enthält. Auf einem Vorsatzblatt haben die Mitarbeiterinnen und Mitarbeiter des Amtes handschriftlich unterschrieben, 50 an der Zahl. Der Band, ein Unikat, das es ausschließlich im Besitz des heutigen Ex-Wehrbeauftragten gibt, enthält eine Art Vorwort, das seine engsten Mitarbeitenden, Bettina Petzold und Guido Large, verfasst haben. Weil es einen Einblick in die Tätigkeit dieses Ombudsmanns für den Gefreiten, aber auch für höhere Dienstgrade erlaubt und Schlaglichter auf die Person und die Amtsführung Willfried Penners gestattet, geben wir es hier im Wortlaut wieder. Lediglich einige Namen sind, da nicht von jedem die Zustimmung zur Veröffentlichung eingeholt werden konnte, verändert worden. Willfried Penner gehörte übrigens einem »weißen Jahrgang« an, der gegen Ende des von den Nationalsozialisten angezettelten Krieges für den Wehrdienst zu jung und beim Aufbau der Bundeswehr schon zu alt war, um eingezogen zu werden. Um so erstaunlicher, dass er innerhalb wie außerhalb der Streitkräfte auf ein hohes Maß an Zustimmung traf.

»Guten Tag, ich bin Willfried Penner aus Wuppertal in Berlin, nicht vorbestraft, seit 34 Jahren mit derselben Frau verheiratet, drei Kinder, und noch unterhaltspflichtig« – so beginnt häufig die persönliche Vorstellung des Wehrbeauftragten des Deutschen Bundestages im Rahmen seiner Truppenbesuche. Macht die Umgebung einen sehr martialischen Eindruck oder steht sie gar unter Waffen, hebt er dabei die Hände zu einer Geste, als wolle er sich angesichts des drohenden Todes retten. Allerdings verteidigt manch weiblicher Vorzimmer-Zerberus den Zugang zum Dienstzimmer des Kommandeurs tapferer und zuverlässiger als ein Soldat der Panzertruppe. Das wäre ja auch noch schöner, einem Zivilisten – noch dazu unangemeldet! – den Zutritt zum Allerheiligsten zu gestatten.

Es ist hier nicht der Ort, auf Aufgaben und Befugnisse des Wehrbeauftragten einzugehen, insbesondere auf sein Recht zum angekündigten und unangekündigten Besuch bei der Truppe. Vielmehr sollen ein paar persönliche Impressionen der beiden Verfasser aus den Jahren 2000 bis 2005 geschildert werden. Verbunden seien damit unsere guten Wünsche für die kommende Zeit.

Die Vor- und Nachbereitung der Truppenbesuche des Wehrbeauftragten und die Begleitung derselben waren wesentliche Elemente unserer Tätigkeit. Bei der Vorbereitung wurde dafür viel freie Hand gelassen. Zwei feste Parameter galt es zu beachten: die proportionale Gewichtung der Ziele nach der Stärke der Teilstreitkraft – also dem Heer, der Luftwaffe, der Marine, der Streitkräftebasis und dem Zentralen Sanitätsdienst. Und eine ausgewogene geographische Verteilung. Soll heißen: Von Bonn aus, dem Dienstsitz des Amtes bis 2001, waren nicht nur Standorte im Rheinland, alsdann von Berlin aus nicht nur Einheiten und Verbände im Brandenburgischen zu besuchen. Also ging es kreuz und quer durch die Republik, mit bis zu 40 Truppenbesuchen pro Jahr. Das Ausland nicht zu vergessen: Bosnien-Herzegowina, Kosovo, Mazedonien, Kuwait, Holloman in den USA und

Goose Bay in Kanada. Decimomannu auf Sardinien, Brüssel und Stettin waren einige der Stationen.

Es gibt wohl in der Truppe kaum eine Funktion, in der die Bundeswehr in ihrer faszinierenden Bandbreite so vielfältig erlebt werden kann, wie es dem Persönlichen Referenten (oder auch: PR) eines Wehrbeauftragten vergönnt ist. Allenfalls die Adjutanten des Ministers oder des Generalinspekteurs dürften ähnliche Erfahrungen machen – alle anderen Offiziere des Ministeriums oder des nachgeordneten Bereichs bearbeiten mehr oder minder ihr spezielles »Kästchen«. Allerdings gibt es zwischen dem PR und den besagten Adjutanten einen entscheidenden Unterschied in der Wahrnehmung der Gesprächspartner: Soldaten und Soldatinnen sprechen mit dem zivilen Wehrbeauftragten anders als mit dem Vorgesetzten, dem General oder dem Minister. Dabei betonte Dr. Penner stets, dass er nicht der Wehrbeauftragte der Soldaten sei, sondern derjenige des Parlaments, seines Auftraggebers – wenn auch selbstverständlich im Interesse der Soldaten handelnd.

Es war interessant zu beobachten, wie Dr. Penner das Gesprächsklima in den Begegnungen mit den Soldaten auflockern oder »knacken« konnte, auch wenn es zunächst verkrampft und steif (oder noch schlimmer: eingeübt) zuging. Mit Mannschaftsdienstgraden mit und ohne Abitur diskutiert es sich eben anders als mit studierten Offizieren und wiederum anders als mit den »Haudegen« des Unteroffizierskorps, dem Rückgrat der Armee, wie Dr. Penner immer wieder anerkennend betonte. Fernmelder sind anders »gestrickt« als Kampftaucher, Sanitätssoldaten haben andere Sorgen als Piloten der Luftwaffe, Instandsetzer und Pioniere denken in anderen Kategorien als Militärgeographen oder Feldjäger. Alle erfüllen sie ihre Funktion an ihrem jeweiligen Platz – und mit allen kam der Wehrbeauftragte in seiner fünfjährigen Amtszeit ins Gespräch.

Der Ablauf eines Truppenbesuches folgte stets dem gleichen Schema. Am Vortag wurde zu dritt aufgebrochen. Dr. Penner – im dienstlichen Jargon »WB« genannt –, PR sowie Peter Quadt, sein äußerst versierter Cheffahrer. Die Organisation und Logistik der Truppenbesuche lag nach den Vorgaben des PRs in den bewährten Händen des Vorzimmers, bei Helene Stahl, Margarete Trandt und Sophia Ullmann. Hotelzimmer wurden gebucht und Fahrtrouten ausgearbeitet. Wochen im Voraus hatte die oder der PR mit dem Kommandeur das immer wiederkehrende Strickmuster des Besuchs erörtert, Variationen waren zulässig: Einführungsgespräch mit dem Kommandeur, Lagevortrag zur Unterrichtung (bitte knapp und präzise!), ausführliche und separate Gesprächsrunden mit den Vertrauenspersonen der Mannschaften, Unteroffiziere und Offiziere (jeweils ohne Kommandeur!), Begegnung mit dem Personalrat (sofern vorhanden) und den Kompaniechefs und -feldwebeln, ein Arbeitsmittagessen (was häufig genug den Gesprächen geopfert wurde), abschließende Bewertung des Tages im Sechs-Augen-Gespräch mit dem Kommandeur. Bei einem unangemeldeten Besuch erfuhr die Truppe nichts. Dann stand der Audi A8 in Sonderausstattung vor dem Schlagbaum, und Peter Quadt ließ das Autofenster herunter, um den wachhabenden Soldaten den Wehrbeauftragten anzukündigen. Nicht selten gab es Irritationen und der PR stieg aus, um mit dem Wachunteroffizier die Sache zu klären. Nein, nicht der Kompaniechef sollte angerufen werden, der Kommandeur wurde gewünscht: In größeren Verbänden hieß es manchmal gar, den kenne man ja kaum. – Dann ging es meistens ganz schnell, und aus dem Stabsgebäude kam ein Oberstleutnant eilig die Treppen herunter und fragte sich laut, ob er ein Termin übersehen hatte. Nein. Nein, wurde er beruhigt, er wisse doch, dass der Wehrbeauftragte das Recht eines unangemeldeten Besuches habe.

»Sie ist nicht meine Tochter. Sie ist aus Hamburg …«

Der erste Tag meines dienstlichen Daseins im Deutschen
Bundestag war auch der erste Arbeitstag des »neuen« Wehrbeauftragten. Unsicher und nervös wartete die junge Regie-
rungsrätin z. A. auf die erste Begegnung mit dem Amtsinhaber, der, so wurde mir kurz nach meiner Ankunft im
Referat WB 1 bedeutet, durchaus willens und bereit sei, mich
persönlich zu begrüßen. Was und vor allem wer würde mich
da erwarten? Die Tür ging auf und … »Guten Tag, ich bin
Willfried Penner aus Wuppertal in Berlin …« Der Rest ist
bekannt. Er trug ein blaues Sakko, machte ein freundliches
Gesicht und stellte mir Fragen zu meinem Werdegang (»Soso,
aus Hamburg, wie Helmut Schmidt …«). Nun, so unsym-
pathisch war der Wehrbeauftragte gar nicht, warum auch?
Schnell fand man die eine oder andere Gemeinsamkeit, vielleicht auch dadurch bestärkt, dass wir die beiden »Neuen«
unter den damals etwa 60 Mitarbeitern waren, von diesen
durchaus argwöhnisch beäugt. Ob der die wohl mitgebracht
hat? Diese Frage waberte unausgesprochen durch die Flure.
  Schon bald stand der erste gemeinsame Truppenbesuch
auf dem Programm, denn: die Tätigkeit auf meinem ersten
Dienstposten war traditionell mit der Vertretung des PR verbunden, und dieser Fall trat denn auch schneller ein, als mir
lieb war. Ich war doch noch gar nicht so weit, hatte keine
Ahnung, was man so als Wehrbeauftragter und vor allem als
PR in der so genannten Truppe machte. Erst recht keine
Ahnung hatte ich von Dienstgraden oder den ganzen eigen-
artigen Abkürzungen, die das Leben normalerweise verein-
fachen sollten, was aber in der Bundeswehr offensichtlich
eher nicht stimmte. Da fuhren wir also nun durch das erste
Kasernentor, glücklicherweise war Peter Quadt dabei. Wird
schon schiefgehen – diese wohl aufmunternde Floskel habe

ich nie verstanden. Der Wehrbeauftragte stellte sich selbst auf die bekannte Art und Weise vor. Dann stellte er mich vor: »Sie ist nicht meine Tochter – sie ist aus Hamburg, und sie ist gut.« Eigenartige gedankliche Verknüpfung, und woher wusste der, was ich kann, und vor allem, was ich nicht kann? Eines war doch klar: das hier hatte ich in zwei Staatsexamina nicht gelernt. Vor allem war ich froh, dass er nicht wusste, dass ich am liebsten sofort wieder umgekehrt wäre.

Aber man ahnt es: wir wurden zu einer Art Dreamteam, das gemeinsam mit dem unverzichtbaren Peter Quadt ungezählte Truppenbesuche absolvierte. Gemeinsam lernten wir die Weiten Brandenburgs und andere Gegenden der Republik kennen und stellten manchmal fest, dass auch das Navigationssystem des Dienstwagens nicht immer den rechten Pfad wies. Da kam es vor, dass die weibliche Stimme befahl: »Bitte links abbiegen«, und schon befand man sich auf einer Art Acker, links und rechts Kühe und vor uns eine Brücke, von der nicht klar war, ob sie den Dienstwagen tragen würde. Ungeachtet meines heftigen Protests aus dem Fond wurde der Weg unbeirrt fortgesetzt und siehe da – da war tatsächlich eine Straße, die uns zum Zielort führte.

»… Sowieso …«, wenn meine Anmerkungen beziehungsweise Proteste sonstiger Art dem Wehrbeauftragten zu viel wurden, wurde stets mit Aussetzung gedroht, schließlich sollten ja in Brandenburg wieder Wölfe heimisch geworden sein und »… denken sie immer daran, Ihr Vater ist nur ein halbes Jahr jünger als ich …«.

Der Ankunft in einer deutschen Kleinstadt am Vorabend eines Truppenbesuchs, der am nächsten Morgen in aller Herrgottsfrühe beginnen sollte, folgte das Ausspähen einer geeigneten Restauration – zumeist mediterrane Küche – für den späteren Abend. Zuvor wartete man stets gebannt darauf, ob denn das gebuchte Hotel auch den Erwartungen des

Wehrbeauftragten entsprach. »Friedhofsgemüse«, wie er gelegentlich Altersgenossinnen und -genossen zu bezeichnen pflegte, war nicht unbedingt an der Bar oder im Restaurant erwünscht. Es brauchte keinesfalls mondän zu sein, durfte aber nicht laut sein, die Zimmer mussten geräumig sein, es durfte nicht nach Essen oder kaltem Zigarettenrauch riechen, und die alles entscheidende Frage war: Gab es Pay-TV? Nicht, dass dies von einem der Reisenden wirklich nachgefragt wurde, sondern dies war so eine Art running gag, der immer wieder zur Aufheiterung nach anstrengender Fahrt beitrug. Nach dem gemeinsamen Nachtmahl gab es stets den berühmten »Absacker«, der aber selbstredend nie zu einem Absacken der Leistungen am Folgetag führen durfte, das wäre ja noch schöner gewesen …!

Denn: Während der Truppenbesuche legte der Wehrbeauftragte stets großen Wert darauf zu betonen, dass er viel Zeit mitgebracht hatte. Und in der Tat: Er nahm sich Zeit, egal, wo er war oder wie spät oder warm es war oder ob die Persönliche Referentin oder der Persönliche Referent noch mithalten konnte – ich erinnere mich an einen Truppenbesuch am heißesten jemals in Deutschland gemessenen Tag –; er beendete seine Besuche bei der Truppe erst dann, wenn auch der letzte Soldat zu Wort gekommen war.

Manchmal kam es allerdings vor, dass man zunächst gar nicht miteinander ins Gespräch kam. Auch dann sagte er: »Ich habe Zeit.« Und irgendwann begann einer zu erzähle, auch andere wurden munter und schlossen sich an. Stets hieß es: »Sie« – gemeint war ich – »nimmt alles auf.« Und was habe ich mir die Finger wund geschrieben!

Während ich im Laufe eines solchen Tages immer schlapper wurde, blühte der Wehrbeauftragte zunehmend auf, zumindest tat er so. Manchmal hieß es, obwohl man nach sechs oder mehr Stunden Dauerfeuer von Lagevorträgen, Gesprächen usw. nicht mehr wusste, wo oben oder unten war: »So, jetzt machen wir noch einen Abstecher nach da und dort, das sind nach meiner Erinnerung nur 60 Kilometer …«, was dann aber glücklicherweise doch nicht in die Tat umgesetzt wurde, zumal meist noch drei oder vier Stunden Heimfahrt vor uns lagen. Das in den Besuchsprogrammen stets vorgesehene Mittagessen fand so gut wie nie statt, denn man lag in Zeitplan meist hoffnungslos um Stunden zurück (Originalzitat: »Also, ich brauche kein Mittagessen …«). Einmal überlegte sich der Wehrbeauftragte nach einer Vortragsveranstaltung in Baden-Württemberg, doch nicht vor Ort zu übernachten, sondern über Wuppertal nach Hause zu fahren. Wir hatten nichts dagegen, obwohl es schon gegen zehn Uhr abends war. Bis Wuppertal verlief die Fahrt auch unspektakulär, aber was danach kam, war grauenhaft. Aufgrund von Unwettern war die Autobahn nach Berlin unpassierbar geworden. Morgens um halb sieben wurde ich zu Hause abgesetzt … Dank Peter Quadt haben wir alle Termine immer pünktlich wahrnehmen können und kein einziges Flugzeug verpasst, angespornt durch Wetten, was passieren würde, wenn …

Es gäbe so viele Anekdoten zu berichten, dass man ganze Bücher damit füllen könnte, wobei man über manches besser den Mantel des Schweigens deckt. Insofern – nein, die Geschichte über das angebissene Brötchen, das auf die Rückbank flog … Ich will lieber schweigen. Eine will ich doch berichten: Eines Tages beschloss der Wehrbeauftragte, dass seine treue Begleiterin mit dem Rauchen aufzuhören hatte, zumal vor oder nach dem gemeinsamen Abendessen in einem der besagten Restaurants. Er meinte es durchaus ernst. Das Ganze endete damit, dass ich den Weg zurück ins Hotel, eingehüllt in eine Wolke dichten Qualms und Ärgers, zu Fuß bewältigte, mich nicht erinnernd, wie weit dies entfernt war, was die Laune nicht zwingend steigerte. Man reduzierte im Anschluss die Konversation volle drei Tage auf das Nötigste, was die Arbeit etwas verkomplizierte, aber ich war nicht bereit, mein Laster aufzugeben. Schließlich nahm man die diplomatischen Beziehungen wieder auf, dies natürlich auch zur Freude der lieben Kolleginnen im Vorzimmer, die alles Menschenmögliche anstellten, um sowohl den Wehrbeauftragten als auch mich bei Laune zu halten. Da wurde Obst geschält oder besonders leckerer Kaffee gekocht Es wurde überfleißig gearbeitet und miteinander gelacht und geweint. Ohne Helene, Margarete und Sophia hätte es keine Freude gemacht.

»Er stammt aus dem Auswärtigen Dienst …«

Im April 2004 besuchte der Wehrbeauftragte das Taktische Ausbildungskommando der Luftwaffe in Goose Bay. Dieser Einödstandort liegt in Kanada, in Labrador, wo von September bis Mai Winter herrscht und das riesige Land, in dem nur 20 000 Menschen leben, im Schnee versinkt. Nur eine besondere Spezies Mensch wird davon angezogen – und nur eine besondere Spezies Soldat. Aber diejenigen, die sich hierhin versetzen ließen, versahen gerne ihren Dienst, wenn auch manche Nachteile in Kauf zu nehmen waren. Die grandiose Landschaft, die vielfältigen Möglichkeiten zu wintersportlichen Aktivitäten, die besonders ausgeprägte Kameradschaft und das Teamwork machen wohl viele Unannehmlichkeiten wett.

Die üblichen Gesprächsrunden nahmen ihren Verlauf. Zwischen zwei Terminen merkte ich, dass der schneidige Oberleutnant X etwas auf dem Herzen hatte. Er wisse nicht, ob er den Wehrbeauftragten um ein vertrauliches Gespräch bitten solle. Um was es sich denn handele, wollte ich wissen.

Tja, druckste er herum, er sei seinerzeit Gegenstand einer Darstellung im Jahresbericht gewesen, wenn auch in anonymisierter Form. Er habe einen unterstellten Mannschaftsdienstgrad, eingesetzt im Geschäftszimmer bei einer anderen Einheit, als »Tippse mit Sack« bezeichnet. Die *Bild*-Zeitung habe die entsprechenden Beanstandungen im Jahresbericht aufgegriffen. Er habe sich vor seinen Angehörigen entsetzlich geschämt. – Das Gespräch kam zustande. Dr. Penner nahm sich Zeit für intensive Seelenmassage, kleisterte das Fehlverhalten aber nicht zu und riet dazu, einen Fehler auch einzugestehen und daraus zu lernen. Nach dem Gespräch war der Oberleutnant sichtlich erleichtert. Vor dem Abflug aus Goose Bay kam es noch zu einem gemeinsamen Foto. »Das schicken Sie Ihrer Mutter«, sagte ich zu dem Offizier. Er musste lachen.

Kuwait, Camp Doha. In diesem riesigen, US-amerikanisch geführten Feldlager befand sich auch eine deutsche Einheit: Soldaten vom ABC-Abwehrbataillon in Höxter, die im Rahmen der Operation »Enduring Freedom« bereitstanden, Kräfte der US-Amerikaner, der Briten, der Polen und Spanier, die sich im Irak engagierten, gegebenenfalls zu entlasten. Es war Anfang Mai, und es herrschte eine sehr große und trockene Wüstenhitze. Das Thermometer kletterte auf 45 Grad im Schatten. Dr. Penner bekam einen Tropenhut aufgesetzt. Dann begann eine Demonstration der Soldaten, ihrer Fähigkeiten der Dekontamination von Fahrzeugen und der Probennahme (per Hand und mittels Spezialpanzer) von potenziell verseuchtem Material. Die Soldaten trugen dabei undurchlässige, schwere Spezialanzüge über dem Kopf und dem gesamten Körper. Wir konzentrierten uns auf ihren Vortrag – sie waren durch ihre dichte Schutzkleidung nicht leicht zu verstehen. Der Schweiß rann mir den Rücken herab, obwohl ich im Gegensatz zu den Soldaten passiv bleiben durfte. – Eine halbe Stunde dauerte die jeweilige Vorführung. Das Ganze war außerordentlich beeindruckend. Dann durften sich die Soldaten entkleiden. Aus ihren klatschnassen T-Shirts floss der Schweiß. Gierig setzen sie die bereitgestellten Mineralwasserflaschen an den Mund und übergossen damit auch ihre krebsroten Gesichter.

Vornehmlich in den Gesprächsrunden mit den Offizieren wurde es manchmal ganz still. Es ging um Fragen zu den Auslandseinsätzen, zu deren Sinnhaftigkeit und um die Sorge, ob man nicht zu eilfertig, zu unreflektiert zu neuen Einsätzen bereit sei. Aus den Erzählungen Dr. Penners stieg die Wirklichkeit einer deutschen Stadt der Jahre 1944 und 1945 auf, wie sie der Achtjährige erlebt hatte: brennende, einstürzende Häuser, angsterfüllte Menschen, die zuvor Gott geleugnet hatten und diesen jetzt um ihr Leben anflehten, geschändete Frauen und Kinder, das Heulen der Sirenen, das Detonieren der Bomben, die Nächte im Luftschutzkeller. Keiner der heute Verantwortlichen hat dies mehr erlebt. Es ist auch nicht – Gott sei Dank nicht! – die Wirklichkeit des Einsatzes. Aber man dürfe nicht vergessen, so der eindringliche Appell Penners, dass Krieg all dies auch bedeuten könne. Angesichts dieser intensiven Schilderung verstummten viele Klagen, die zuvor beredt geäußert worden waren: Kürzung des Weihnachtsgeldes, enge Unterbringung, fehlende Beförderungschancen zum Beispiel.

Die Arbeit am Jahresbericht war eine von mir beziehungsweise von uns stets mit besonderem Grausen erwartete Angelegenheit. Nach Abschluss des ersten gemeinsamen Jahresberichts mit dem Wehrbeauftragten Penner – Zitat: »Nach dem Jahresbericht ist vor dem Jahresbericht« – hatte ich zunächst alles wieder verdrängt, bis Weihnachten des Folgejahres. Das hieß: lesen, korrigieren, Anmerkungen des Wehrbeauftragten aufnehmen und umsetzen, kurz: viel, viel Arbeit. Auch hier gab es nach einem Jahreswechsel wieder eine Nichtraucherperiode in meinem Leben, die während »harter« Debatten über die Abfassung des Berichts ein jähes Ende nahm. Der Wehrbeauftragte zeigte sich aber durchaus verständnisvoll. Punkt …

Unter dem Strich haben wir die Berichte stets in gewünschter Art und Weise hinbekommen. Was haben wir nicht an den Formulierungen gefeilt. Da war von »Marschblasen« die Rede oder »traten Probleme auf« oder jemand »stellte (etwas) dar« (»Wieso treten die auf? Sind das Kulissenschieber?« oder »Wieso stellen die etwas dar, die sind doch nicht beim Theater!?« oder: »Wissen Sie nicht, dass ›unabdingbar‹ Nazi-Jargon ist!?«). Noch heute erwischen wir uns ab und zu anlässlich von Formulierungen dabei, den Wehrbeauftragten wie Clementine aus der Waschmittelwerbung hinter mir hervortreten zu sehen, den Finger hebend und die Wortwahl anmahnend. Kurz und gut: Wir haben unendlich viel gelernt, nicht nur über die Bundeswehr, sondern auch über Kollegialität bis hin zur Freundschaft (oder Adoption!), und wir werden uns den Rest unseres dienstlichen Daseins, also noch etwa 40 Jahre lang, daran erinnern. Danke sehr!!!

Matthias Dohmen
»Beseelte Steine« aus Simbabwe

»Als ich Sekretär des Innenausschusses des Bundestages wurde, das war, als Willfried Penner den Vorsitz übernahm, den er von 1995 bis 2000 ausgeübt hat, lud er zu einem Gänseessen in Wuppertal ein, in dessen Verlauf die Shona-Liebhaberin Katharina Penner mächtig Eindruck auf mich machte.« So erinnert sich Axel Claus, der im römischen Recht promoviert hat und heute noch im deutschen Parlament arbeitet. Shona-Kunst ist Ende des 20. Jahrhunderts sehr bekannt geworden und wird etwa im New Yorker Museum of Modern Art (Moma) gesammelt. Dass sie in Deutschland bekannt wurde, geht nicht zuletzt auf Willfried Penner zurück, der Anfang der 1990er-Jahre in offizieller Mission Simbabwe, das frühere Rhodesien, besuchte. Von dort brachte er zwei Skulpturen mit, und zwar nachgeschickt in den Urlaub, den die Ehepaare Nowoczin und Penner in Portugal verbrachten.

Esther und Harald Nowoczin, der Kunstgeschichte studiert hatte, waren tief beeindruckt, WP sowieso und Katharina Penner nicht minder. Sie waren so fasziniert von den bunten Steinen des Stammes der Shona, der größten Ethnie im früheren Rhodesien, dass sie den damaligen Chef der Stadtsparkasse Wuppertal, Heinz Engel, davon überzeugten, im Hauptgebäude des Geldinstituts eine Shona-Verkaufsausstellung zu organisieren, die ein Riesenerfolg wurde.

Harald Nowoczin war in den 1990ern und zu Beginn des neuen Jahrhunderts »vielleicht 15 Mal« in Zimbabwe. Beim ersten Besuch deckten sie sich mit Shona-Kunstwerken für die Sparkassenausstellung und für die beiden Familien, später auch für die Galerie »Terra« ein, die im Hause Penner ihren Sitz hatte. In dieser Zeit wurden Katharina Penner zur

Zweiten Vorsitzenden und Harald Nowoczin in den Vorstand der Deutsch-Simbabwischen Gesellschaft gewählt.

»Beseelte Steine« hieß eine große Ausstellung 1996 im Ministerium für Bundes- und Europaangelegenheiten des Landes NRW in Bonn. Der Untertitel lautete »Zeitgenössische Skulpturen aus Simbabwe«. Eines der Grußworte im Katalog lieferte die aus Wuppertal stammende damalige Bundestagspräsidentin Rita Süssmuth. Für den Katalog hat Katharina Penner einfühlsame Porträts der Shona-Künstler Henry Munyaradzi, Lazarus Takawira, Richard Mteki und des ursprünglich aus Südafrika stammenden legendären Künstlers und Kunsthändlers sowie Großfarmers Nicholas Mukomberanwa verfasst. Eine »kurzgefasste Geschichte der modernen Bildhauerkunst aus Sibabwe« steuerte der Ingenieur und Kunstlehrer Nowoczin bei.

Den großartigen Erfolg der Shona-Kunst führt er darauf zurück, dass »diese Menschen den Stein als ein beseeltes Wesen« sehen: »Henry Munyaradzi, weltweit anerkannter und geschätzter Künstler dieses Landes, legt einen halbfertigen Stein, wenn er nicht mehr weiter kommt, einfach einige Zeit unter sein Bett. Wenn er ihn dann wieder hervorholt, gelingt ihm in der Regel der große Wurf. Nicholas Mukomberanwa, Star der zweiten Generation, vergräbt seine halbfertigen Plastiken schon mal auf einem Maisfeld, und zwar so lange, bis er der Meinung ist, nun müsste es eigentlich weitergehen und die Vollendung gelingen.«

Ein weiterer Name, den sich Nowoczins, Penners und alle weiter folgenden Anhänger der Steinkunst der Shona wie etwa WP's guter Bekannter Burkhard Hirsch damals zu merken begannen, ist Roy Guthrie, seinerzeit Leiter der »Chapungu Gallery« in Harare.

Hauptmotor von »Terra« aber war Katharina Penner, die 2008 starb, was auch das Ende der Galerie bedeutete. Am Beginn des Aufschwungs der Begeisterung für Shona-Kunst in Deutschland, so erinnert sich Harald Nowoczin, stand WP, der die »beseelten Steine« beim Staatsbesuch kennengelernt hatte und seine Umgebung und danach weitere Kreise begeisterte.

In Harare: v. l. n. r. der deutsche Botschafter Klaus Dieter Düxmann, Harald Nowoczin, die simbabwische Künstlerin Juno Levy, Galerist Roy Guthrie und Willfried Penner.

Nicholas Mukomberanwa, »Der Maisfresser«
Aus der Ausstellung »Beseelte Steine«

Matthias Dohmen
Ein Leser dicker Wälzer

Willfried Penner hat sich mit dem Ende der Amtszeit als Wehrbeauftragter von der aktiven Politik verabschiedet. Er hält sich mit öffentlichen Erklärungen zurück, weil er von Ratschlägen aus dem »Off« wenig hält. Das Interesse an politischen und historisch-politischen Themen ist jedoch ungebrochen. Er ist ein begeisterter Zeitungsleser – analog; statt »Akten zu stieren«, wie es die Bänkelsänger Hein & Oss genannt haben, verschlingt er jetzt »Bücher – und die dürfen auch dick sein«. Immer wieder greift er zu einem allerdings eher schmalen Heft, Gustav Radbruchs »Der Mensch im Recht«, erschienen bei Vandenhoeck & Ruprecht. Radbruch habe sich als Rechtslehrer einen Namen gemacht und war in der Weimarer Republik von 1921 bis 1923 Reichsjustizminister. Er habe den Rechtsstaat als den Eckstein im demokratisch verfassten Staat begriffen; er war ein großer Befürworter der Menschenrechte. Der Mensch im Recht war sein großes Thema. WP hat zahlreiche Abhandlungen über die Gegner des NS-Regimes gelesen, darunter das Standardwerk »Der deutsche Widerstand« von Klaus-Jürgen Müller. Dieses Buch biete »einen guten Überblick auf die Opposition von kirchlichen Kreisen bis zu den Gewerkschaften«. Müller war zuletzt, ab 1977, Professor für Neuere Geschichte an der Uni Hamburg.

In Bert-Oliver Manigs Buch »Die Politik der Ehre. Die Rehabilitation der Berufssoldaten in der frühen Bundesrepublik« interessierten ihn vor allem die Versorgungsansprüche ehemaliger Berufssoldaten. Ohne Lösung dieser Frage hätte sich, sagt Willfried Penner, »die Wiederbewaffnung in der Bundesrepublik kaum durchsetzen lassen«.

Mehrere Veröffentlichungen von Gerhard A. Ritter (nicht Gerhard Ritter) liegen in der Pennerschen Wohnung in Schränken oder auf Stühlen, mit Zetteln drin, auf denen Notizen stehen, darunter »Wir sind das Volk – Wir sind ein Volk. Geschichte der deutschen Einigung« und »Der Preis der deutschen Einheit. Die Wiedervereinigung und die Krise des Sozialstaats«.

Mit dem Schicksal der Juden im Dritten Reich hat sich Willfried Penner über die Jahre immer wieder auseinandergesetzt. Vieles von dem, was heute über Verfolgte, Asylbewerber und Flüchtlinge auch von hochrangigen europäischen Staatsmännern gesagt und geschrieben wird, »erinnert mich an die Zeit von 1933 bis 1945«. Jene furchtbare Zeit habe Jochen Thies sehr präzise nachgezeichnet, und zwar in seinem Werk »Evian 1938. Als die Welt die Juden verriet«. Im Juli 1938 trafen sich die Vertreter von 32 Nationen im französischen Evian-les-Bains und verhandelten über die Aufnahme von 500 000 »Flüchtlingen«. Tatsächlich ging es um deutsche Staatsbürger jüdischen Glaubens, zehn Tage lang waren ihr Schicksal und ihre Zukunft Thema der Gespräche am Genfer See – ohne greifbares Ergebnis. »Eine Katastrophe für die Menschen, um die es ging, und eine Offenbarung von Jämmerlichkeit der internationalen Politik«, findet Willfried Penner.

Die Lektüre von Volker Ulrichs »Acht Tage im Mai. Die letzte Woche des Dritten Reiches« weckte Erinnerungen des jungen Willfried, der bei Kriegsende neun Jahre alt war und den Bombenkrieg selbst erlebte. Jene acht Tage im Mai 1945 besiegelten sang- und klanglos das Ende des Tausendjährigen Reiches.

In einer großen Gesamtdarstellung hat der Historiker Götz Aly gezeigt, wie Rivalität und Neid, Diskriminierung und Pogrome seit Ende des 19. Jahrhunderts vielerorts dazu

60

beigetragen haben, den Boden für Deportationen und Völkermord zu bereiten. Sein Werk »Europa gegen die Juden« gewährt einen Überblick über Judenverfolgungen auf unserem Kontinent seit dem 19. Jahrhundert. Bittere Erkenntnisse könnten auch die Leser nicht vermeiden, die Peter Longerichs »Davon haben wir nichts gewusst« läsen. In diesem Werk werde überzeugend nachgewiesen, dass die sich steigernde Verfolgung von Jüdinnen und Juden ab 1934 vor aller Augen stattgefunden habe.

Willfried Penners Büchersammlung umfasst zahlreiche Biographien. Zu Friedrich Engels, Henry Kissinger, Donald Trump und Adolf Hitler besitzt er Lebensbeschreibungen mehrerer Autoren. Für die vielleicht beste Arbeit über Hitler hält er das Buch des jüdischen Sozialdemokraten Konrad Heiden aus dem Jahr 1936. Politik im klassischen Altertum beschäftigt ihn seit der Schulzeit. Beim Schmökern von Gustav Adolf Lehmanns »Perikles« wird er daran erinnert, dass »Klientilismus schon eine Eigenart der alten Athener war«.

Und dann liegt ein Buch auf einem großen Stapel, zu dem Willfried Penner immer wieder greift und das ein Klassiker geworden ist: »Der SS-Staat« von Eugen Kogon, maßgeblicher Kopf der »Frankfurter Hefte«. Kogon wurde selbst im KZ Buchenwald drangsaliert. Er weist am Schluss seiner Einleitung darauf hin, dass er »nicht eine Geschichte der deutschen Konzentrationslager, auch nicht ein Kompendium aller verübten Grausamkeiten zu schreiben hatte, sondern ein vorwiegend soziologisches Werk, dessen als wahr festgestellter menschlicher, politischer und moralischer Inhalt beispielhafte Bedeutung hat«. Das Buch erschien im Frühjahr 1946 in drei Ausgaben für die verschiedenen westlichen Besatzungszonen und gilt als Standardwerk. Penners arg zerlesenes Exemplar stammt aus der zweiten Auflage, die 1947 erschien.

Willfried Penner mit Brigadegeneral Hans-Lothar Domröse …

… und mit Robert Mugabe, dem Präsidenten von Simbabwe

Willfried Penners Sparkassenrede

Willfried Penner hat nach der Berliner Zeit die Öffentlichkeit eher gemieden als gesucht. Öffentliche Auftritte waren rar gesät. Um so gewichtiger die Aussagen, die er als politischer Pensionär zur jeweils aktuellen Politik, zur Stadt Wuppertal und – eine Leidenschaft, der er sein Lebtag frönt – zum Sport macht. Eine der bemerkenswertesten Reden der letzten Jahre hielt er am 17. Oktober 2012 vor über 300 Teilnehmern in der Stadtsparkasse Wuppertal. Regelmäßig trat er mit politischen Reden, in die er persönliche Anekdoten mischt, vor Gremien der Industriegewerkschaft Metall auf. Eng verbunden war er der ÖTV, mit dessen in Barmen geborenem Vorsitzenden Heinz Kluncker er befreundet war.

Wer etwas über uns Wuppertaler und die Stadt erfahren will, darf auf die Lektüre des Protokolls der zweiten Ratssitzung der neu geschaffenen Stadtgemeinde Barmen-Elberfeld am 21. Dezember 1929 nicht verzichten. Dabei meine ich speziell den Tagesordnungspunkt 3, »Name der Stadt«.

Dem Antrag, die Stadt »Wuppertal« zu benennen, hielt der Stadtverordneten Ripke von den Nazis entgegen: »Mir ist unverständlich, dass ein Mensch, der historisch denkt, vorschlagen kann, dass der Name Barmen-Elberfeld oder Elberfeld-Barmen verschwindet und anstatt dessen ein neuer Name gewählt werden soll. Ich kann verstehen, dass ein Mann, der Moses Pinkeles heißt, sich lieber Moritz Wasserstrahl nennen wolle. Vom deutschen Standpunkt aus müsse es bei Barmen-Elberfeld oder Elberfeld-Barmen bleiben.«

Natürlich sollten die alten Namen Elberfeld und Barmen nicht ersatzlos verschwinden, sie sollten mit dem neuen Grundnamen »Wuppertal« verbunden werden, aber darauf kam es ja nicht an; es ging ja um Deutschland. Die Vorschläge *Barmen-Elberfeld* oder *Elberfeld-Barmen* wurden übrigens auch zur Abstimmung gestellt; Elberfeld-Barmen erhielt keine Stimme, der Vorschlag Barmen-Elberfeld blieb in der Minderheit. Womit nebenbei bewiesen wurde, dass Elberfeld Barmen niemals dominieren wollte, was heute keiner aus Barmen mehr glaubt.

Natürlich brachten die Ronsdorfer und Cronenberger vor, dass Wuppertal für ihre Ortsteile falsch sei, weil diese Ortsteile nicht im Tal, sondern auf der Höhe lägen. (Zwischenruf dazu: Das gilt für den »Höchsten« auch.) Die Kommunisten wollten als neuen Namen »Hungerstadt«, was ihnen den Vorwurf eintrug, moskaugesteuert zu sein. Zum Schluss war die überwiegende Mehrheit für Wuppertal, wobei diese sich einig darüber war, dass der Rat gar nicht darüber zu befinden hatte, sondern das Preußische Staatsministerium. Also keine Entscheidung, nur Vorschlag, der dann vom Staatsministerium übernommen wurde.

Damit es nicht vergessen wird: Natürlich durfte der Hinweis nicht fehlen, dass »wir, die wir im Tal geboren sind, sehr wohl wissen, welche Bewandtnis es mit Wuppertal hat; der Kollege, der wohl nicht im Tal geboren sei, könne sein historisches Gemüt beruhigen«. Na, ja.

Seit jener Zeit hat sich, was die Einstellung der Wuppertaler zu Wuppertal angeht, nicht so viel geändert. Die Stadtteile sind wichtig, sehr wichtig geblieben; Elberfeld und Barmen ohnehin, Cronenberg und Ronsdorf sowieso, Vohwinkel auch, und Langerfeld hat die große Nähe zu Schwelm. Damit nicht genug: In den Stadtteilen haben bis heute die Bezirke ihr Gewicht: Sudberg im Süden, Wichlinghausen und Heckinghausen im Osten und in Besonderheit die Elberfelder Nordstadt, die im westlichen Teil »Ölberg« heißt und bis heute ein besonderes Gemeinschaftsgefühl umschließt –

übrigens auch in Abgrenzung zu anderen. Legende ist die Äußerung eines alteingesessenen Handwerkers beim Anblick eines besonders schönen Mädchens: »So wat gift et nur hier aum Ölberg, nit am Brill, die freeten und suppen angersch fie wie.« – Jetzt wissen wir's.

Das ist meine Heimat, hier bin ich geboren – im Olympiajahr 1936. Meine Eltern ebenfalls, deren Vorfahren waren schon im 18. Jahrhundert hier sesshaft. Handwerker durchweg, vorrangig Weber und Bandwirker, einer Pferdekutscher, und ein anderer war Bäcker in der Nordstadt. Der Bäcker ließ zu viel anschreiben, musste seine Bäckerei aufgeben und ging zu Bayer. Sie waren allesamt evangelisch, manche reformiert, andere lutherisch. Im Haus meines Großvaters mütterlicherseits, eines Bandwirkers mit Shed, wurde Harmonium gespielt und Mitgliedschaft in der Krankenkasse verachtet. (Man muss selbst zurechtkommen, hieß es.)

Meine Mutter durfte die Oper nicht besuchen, weil es da so wüst zuginge, und Tanzstunde war verpönt. Einmal im Monat gönnte sich mein Großvater ein Bierchen »Im Grünen Baum«. In seiner karg bemessenen Freizeit war er als Armenpfleger tätig, obwohl die Familie mit acht Kindern es auch nicht üppig hatte. Die ganze Familie musste bei der Arbeit an den paar Bandstühlen im Shed mit ran, sonst hätte es nicht gereicht. Einer meiner Onkel war den Nazis zu fromm, er kam nach Grafenberg und wurde dort von den Nazis umgebracht. Offizielle Todesursache: Lungenentzündung. Das war damals gängige Formulierung. Die Familie meiner Mutter wusste es besser.

Walter, Bruder meines Vaters, war mein Patenonkel, geschätzter Mitarbeiter der Wuppertaler Stadtkämmerei zunächst und später Bürgermeister in Radevormwald und Langenberg. Nach dem Ende des Hitlerkrieges wollten ihn sogar die Langenberger Kommunisten als Bürgermeister zurück, obwohl er Nazi gewesen war. Aber er war geschätzt wegen seiner Fähigkeiten, und beliebt war er auch. Mein Onkel wollte aber nicht mehr; er war verletzt und beleidigt, weil er als PG einige Zeit »interniert« gewesen war, wie es damals hieß. Er setzte seinen Weg bei einer Versicherung fort und hatte da ein gutes Auskommen. Auf diesen Onkel Walter sprach mich eines Tages Elfriede Feldermann an. Sie war Gründungsmitglied des »RC Gut Freund«, eines Radsportvereins der Elberfelder Nordstadt. Ob ich wisse, so fragte sie, dass der Walter seinen jüngeren Bruder Bernhard immer so getriezt hätte. Dieser Bernhard war mein Vater. Vielleicht war Bruder Walter deshalb so finnig, weil er ein »Bläuken«, also rothaarig, war. Ich weiß es nicht. Meinen Werdegang hat er mit viel Sympathie begleitet, obwohl er politisch anders orientiert war.

Ich sollte noch ein Wort zu Tante Friede sagen. Die galt als sehr intelligent, konnte gut mit Zahlen umgehen und war ledig. Als mein Großvater sich nicht mehr bewegen konnte, übernahm sie die Pflege für lange Jahre. Nach seinem Tode stand sie da, mittellos – und hatte nichts gelernt. Sie wurde Fahrkartenverkäuferin bei der Schwebebahn und kam so einigermaßen durch. Großvater Wilhelm brachte es sogar zum so genannten Fabrikbeamten bei Bayer mit Pensionsanspruch, was gesellschaftliches Ansehen bedeutete.

Ich habe keinen Koffer in Berlin. Ich hatte dort gute zehn Jahre eine Wohnung bis 2005, dem Ende meiner Dienstzeit. Ich habe eine Tochter in Berlin. Sie wohnt dort, wenn sie nicht auswärts tätig ist. Wie derzeit, wo sie in Cronenberg wohnt; sie ist dort aufgewachsen und kommt immer gern zurück. – Ich hatte immer mehr als nur einen Koffer in Wuppertal – auch während der Berliner Jahre. In der Bonner Zeit habe ich dort nur übernachtet, wenn es anders nicht ging. Ich war eben gerne zu Hause, und die Wuppertaler erwarteten auch, dass ich unter der Woche zumindest abends da war.

Es sind mittlerweile gut 40 Jahre her, dass ich politisch aktiv wurde. Und trotzdem. So meine ich, hat meine Kindheit und Jugend schon damit zu tun, dass ich später in die Politik ging, wie man so sagt. Bis heute sind mir die Bilder und Geräusche von Luftangriffen auf Wuppertal in Erinnerung. Besonders aber der Bombenhagel auf Elberfeld in der Nacht zum 25. Juni 1943. Unsere Mutter weckte uns mit dem Ruf: Die Christbäume stehen über der Stadt. Selbst wir Kinder wussten, was das zu bedeuten hatte. Wir stürzten in den Keller des Hauses, andere Bewohner waren schon da, wieder andere kamen danach. Es folgte ein Trommelfeuer von Stabbrandbomben, Phosphorbomben, Sprengstoffbomben und Luftminen. Danach standen wesentliche Teile von Elberfeld in Flammen, ähnlich wie zuvor in Barmen. Ich habe Menschen auf offener Straße verbrennen sehen, ich habe Menschen zu Gott beten hören, die vorher noch Gott verspottet hatten, ich habe in dieser Bombennacht erlebt, wie ein Nachbar die Nerven verlor und wie von Sinnen um sich schoss, und ich habe auch gesehen, wie in dieser Nacht Menschen andere Menschen bestahlen, die gerade alles bis auf wenige Habe verloren hatten.

Es ist mir noch sehr genau in Erinnerung, dass ein jüdisches Ehepaar von nebenan eines Tages nicht mehr da war; alle ahnten, dass das nur ihren Tod bedeuten konnte. Aber alle schwiegen, wie sie auch vorher geschwiegen hatten, als diese den Judenstern trugen.

Wir wurden nach Sonneberg in Thüringen evakuiert und dort zwangsweise einquartiert, wie es damals hieß. Die einheimische Bevölkerung hieß uns nicht willkommen. Ganz im Gegenteil. »Da kommen sie, die Bombenweiber«, war ein häufig geäußertes Wort, als die Frauen mit ihren Kindern am Bahnhof eintrafen. Das war nicht in Ordnung; aber wir waren auch nicht besser, als später unsere Landsleute vom

Osten in den Westen flohen. Der Spruch »Im Osten geht der Mond auf, im Westen hat er einen Hof« wurde gebräuchlich und war alles andere als freundlich.

Dass wir Evakuiertenkinder in gesonderten Schulklassen, getrennt von den einheimischen Kindern, unterrichtet wurden, war alles andere, nur nicht Integration. Im Herbst 1944 kehrten wir nach Wuppertal zurück. Danach begann auch für uns Kinder der »totale Krieg«. Fast kein Tag war frei von Jagdbombern und heulenden Sturzkampffliegern der Alliierten, nächtelange Aufenthalte in Bunkern wurden üblich. Und immer wieder Bombenteppiche, mal auf den einen, mal auf den anderen Stadtteil. Mein Vater wurde noch in den letzten Kriegswochen zwangsverpflichtet für den so genannten Volkssturm – trotz Herzschadens und angeborener Sehschwäche auf einem Auge. Mit den Alten und Älteren, den nicht ganz Schwachen und den ganz Jungen wurde an der Panzerfaust geübt, obwohl der Krieg längst verloren war. Mitte April kamen die Amerikaner, und der Krieg war für uns zu Ende. Ich glaube, ja ich bin sicher, dass das Kriegserlebnis für mich ein Grund war, später, sehr viel später, mich einzumischen.

Die unmittelbare Zeit nach dem Krieg war bitter, sehr bitter sogar. Darüber ist unendlich viel geredet, geschrieben und auch gefilmt worden. Wer diese Zeit wie unsereins selbst miterlebt hat, verbindet dies mit Hungern und Hamstern, wenn es denn überhaupt etwas zu tauschen gab, mit selbstgefertigten Sandalen aus Autoreifen im Sommer, mit ausgetretenen Schuhen, die man vom älteren Bruder trotz größerer Schuhgröße übernahm, und nicht zuletzt mit langen Hosen im Winter, die aus Aufnehmern zusammengeschneidert waren. Die Kriegsversehrten bestimmten das Stadtbild, die zerschossenen, die amputierten und blinden Heimkehrer aus dem Krieg. Die Trümmerberge in der Stadt erschienen uns so gewaltig, dass wir Kinder uns nicht vorstellen konnten, wie sie jemals würden beseitigt werden können. Unter diesen Umständen besuchten wir die Schule, und zwar gern, obwohl Schreibhefte nur gegen Altpapier zu kaufen waren und das Heftpapier mehr Lösch- als Schreibpapier war. Eine größere Vergünstigung war es, nach der Volksschule auf ein Gymnasium zu wechseln. Dafür musste man eine Aufnahmeprüfung bestehen, und die Eltern mussten obendrein für den Besuch des Gymnasiums Schulgeld bezahlen. In meinem Falle, wie in vielen vergleichbaren Fällen auch, nicht einfach für eine fünfköpfige Familie, die im Krieg alles verloren hatte – durch Ausbombung, totalen Verlust des Ersparten einschließlich der Ausbildungsversicherungen für die Kinder.

1956 Abitur, damals machten nur fünf Prozent eines Jahrgangs Abitur, heute sind es 40 Prozent in NRW. Das Wort Chancengleichheit wurde in jener Zeit ganz kleingeschrieben. Gegen Ende der Schulzeit beschäftigte uns politisch sehr die Wiederbewaffnung und die Einführung der Wehrpflicht. Die Meinungen waren geteilt. Die Mehrheit war wohl dagegen. Am Ende waren aber alle froh, nicht dabei sein zu müssen; wir waren allesamt sogenannte »weiße Jahrgänge«, die von Gesetzes wegen nicht eingezogen wurden.

Das Abitur war der willkommene Abschluss eines Lebensabschnitts. Das Leben hielt nicht inne. Drei Tage danach war ich auf dem Bau, arbeiten, auch Speisvögel tragen: das erste Semester musste finanziert werden. Im Tiefbau Gräben ausheben, später im Akkord, war finanziell attraktiver, aber äußerst strapaziös. Aushilfsarbeiten bei der Post oder beim Finanzamt waren begehrt, wenn auch einförmig. Bei der Firma Jaeger in der Varresbeck war ich während der Sommerferien zwischen zwei Semestern in der Hofkolonne tätig.

Gutes Geld konnte man für Arbeiten am Samstag und Sonntag der hohen tariflichen Zuschläge wegen verdienen.

Die Aufforderung der Kollegen, ich solle doch bleiben, das Studieren sein lassen, hat mich gerührt. Bummelstudenten gab es auch schon, ja, aber die meisten wollten schnell fertig werden; die Mindeststudiendauer wurde zum konkreten Ziel. Wir hatten vielleicht Lust, aber keine Möglichkeit zu Fisematenten; wir waren auf uns und die Unterstützung unserer Familien gestellt. Studienförderung durch den Staat begann erst, verbilligtes Fahren mit den langsam fahrenden Zügen der Bundesbahn ist mir noch in Erinnerung. Natürlich gab es auch andere, die entweder selbst oder von zu Hause gut betucht waren. Aber die waren in der klaren Minderheit, lösten allerdings gelegentliches Fragen nach der Gerechtigkeit in der Welt aus. Nach dem Studienabschluss ging es übergangslos ans Promovieren; danach zweiter Bildungsabschnitt – damals dreieinhalb Jahre lang. Nach dem Assessorexamen Einstieg bei der Wuppertaler Justiz. Meine Mutter kaufte mir eine besonders schöne Robe und dachte, die würde ich wohl bis zu meiner Pensionierung tragen. Es kam anders.

Ich wurde zum Bundestagsabgeordneten gewählt, sieben Mal wiedergewählt, und am Ende meiner Amtszeit als Wehrbeauftragter war ich 69 Jahre alt. Der Dienst bei der Justiz endete mit der ersten Wahl in den Bundestag. Beides geht nach der Verfassung nicht, zugleich Bundestag und Justiz. Damals war eine unruhige Zeit, das politische Interesse war so groß wie nie zuvor. Die Studenten machten sich auf, die Universitäten zu durchlüften, sogenannte Sit-ins wurden in den Universitäten alltäglich, die Studenten protestierten gegen den Vietnam-Krieg und das Schah-Regime, setzten sich für Emanzipation und Gleichberechtigung der Frauen ein und entfachten das Feuer der sexuellen Revolution (»Wer zweimal mit derselben pennt, gehört schon zum Establishment« war ein häufig zu hörender Slogan).

Die politischen Zeichen standen auf Veränderung, und der Deutsche Bundestag hatte die Aufgabe, diese in rechtliche Form zu bringen, wo immer das möglich und nötig war. In der Frage des Abtreibungsparagraphen 218 gab es einen erbitterten parlamentarischen Streit, der auch außerparlamentarisch aufs heftigste ausgetragen wurde. Die katholische Kirche sah in jeder Lockerung dieser Strafvorschrift die Inkarnation des Leibhaftigen. Und Frauen reklamierten immer schneidender das Recht auf den eigenen Bauch. Auch ich bekam Post von katholischen Frauen aus Wuppertal mit einem vertrockneten Fötus als Mahnung. Für die Briefschreiberinnen war Schwangerschaftsabbruch wohl kein Thema mehr, den Brief hatten alle in Sütterlin unterschrieben.

Das Scheidungsrecht wurde grundlegend geändert – zugunsten auch der Frauen. Das Zerrüttungsprinzip ersetzte das Verschuldungsprinzip. Die Ehe wurde stärker als bisher begriffen als Vermögensgemeinschaft mit der Maßgabe, dass während der Ehe erworbene Versorgungsanwartschaften aufgeteilt wurden. Das bewirkte bittere Konsequenzen und Einsichten, bei Männern allzumal. Ein Journalist, der das neue Eherecht über den grünen Klee gelobt hatte, sprach mich Monate später wütend an, was wir denn für einen Unsinn beschlossen hätten. Er lebte in Scheidung. Das Sein bestimmt das Bewusstsein.

Die Reform des Sexualstrafrechts hat den Bundestag lange beschäftigt. Es vermochten immer weniger Menschen einzusehen, dass der Kuss unter Verlobten seit der Rechtsprechung des Reichsgerichts auch strafbar sein konnte, dass Eltern wegen Kuppelei belangt werden konnten, die auch nur duldeten, dass ihre Kinder mit ihren Partnern in ihrer Wohnung zusammenkommen konnten. Der gesellschaftliche Rückhalt für die lückenlose Kriminalisierung von Homosexualität unter Männern schwand; es fiel nicht sonderlich auf, dass gleichgeschlechtliche Liebe unter Frauen schon straflos war. Die grundlegende Reform des Sexualstrafrechts war zugleich der Beginn für Veränderungen anderswo. Heute ist gleichgeschlechtliche Orientierung nicht mehr gleichbedeutend mit gesellschaftlicher Ächtung. Man kann zum Bürgermeister von Paris oder Berlin gewählt werden und auch Außenminister werden. Und das ist auch nicht zu beanstanden. Im Übrigen hat das eine mit dem anderen nichts zu tun.

Die Mitbestimmung war ein Thema, bei dem Wirtschaftsführer den Eindruck erweckten, die Machtergreifung des Kommunismus stände damit ins Haus, und die Wirtschaft ginge daran zugrunde. Das gefundene Ergebnis gefiel den Gewerkschaften nicht: Es war nicht die erstrebte Parität. Und die andere Seite verblieb bei der prinzipiellen Ablehnung. In diesen Tagen hielt Gerhard Cromme, der große Meinungsführer im deutschen Wirtschaftsleben, in Paris eine Rede vor Vertretern der französischen Wirtschaftselite, in der er für die deutsche Mitbestimmung warb, weil sie sich bei uns bewährt habe. So ändern sich die Zeiten, aber auch die Meinungen.

Die Einführung des Konkursausfallgelds für Arbeitnehmer war politisch zwischen SPD und FDP lange Zeit hoch umstritten. Das noch heute geltende Recht bringt zwar keinen totalen Schutz für Betroffene, aber doch eine Vorkehrung gegenüber dem Sturz ins Bodenlose.

Die politischen Auseinandersetzungen um den RAF-Terror sind mir in frischer Erinnerung. Es ist wahr, dass die Bilder von der brennenden Botschaft in Stockholm manchen an den Krieg erinnerten; die abscheulichen Mordtaten mit Genickschuss-Gesinnung sollten ja die bewaffnete Revolution auslösen. Ich bekam Anrufe mit der Empfehlung, inhaftierte Mitglieder der RAF öffentlich exekutieren zu lassen. Trotzdem: die Republik war nie in Gefahr. Diese Verbrecher hatten nie das Volk hinter sich. Und Helmut Schmidt tat das seine, übrigens auch mit großen Reden im Bundestag, dass es nie zu einer Gefährdung der demokratischen Institutionen reichte. Es hat gewiss auch genutzt, dass damals in dieser Frage über die parteipolitischen Grenzen hinweg Entscheidungen getroffen und durchgesetzt werden konnten.

Übrigens wuchs sich auch die so genannte Flick-Affäre mit den Hauptakteuren Friedrich-Karl Flick und seinem Hausmeier Eberhard von Brauchitsch nie zur Staatskrise aus. Es ging bekanntlich um die Durchsetzung von Steuervorteilen in satter dreistelliger Millionenhöhe um jeden Preis. Ja, gewiss doch, Entscheidungsträger jedweder Couleur sollten über so bezeichnete politische Landschaftspflege gefügig gemacht werden. Aber der demokratisch verfasste Staat reagierte. Öffentlichkeit wurde durch Presse hergestellt; Strafverfolgungsorgane und Parlament nahmen ihre Aufgaben wahr. Ein geplantes Amnestiegesetz wurde vom Tisch gefegt. Mag sein, dass es so oder so ähnlich geplant war; zum Kauf der Republik, wie es reißerisch formuliert wurde, hat es nie gereicht.

Die Ausländerpolitik mit ihren Irrungen und Wirrungen hat mich viele Jahre beschäftigt. Auf der einen Seite die Weigerung zu akzeptieren, dass Deutschland auch Einwanderungsland sei, und auf der anderen Seite auch schwärmerische Vorstellungen von einer Multi-Kulti-Gesellschaft ließen sich politisch nicht übereinbringen. Wesentliche Fragen der Integration sind bis heute nicht gelöst. Die Herausforderung wird noch dadurch schwieriger, dass gerade in Ostdeutschland die größten Aggressionen dagegen zu verzeichnen sind, obwohl es dort nur wesentlich weniger Ausländer gibt.

Das alles andere überragende Thema jener Zeit war die Ost- und Deutschlandpolitik. Was die Deutschlandpolitik angeht, so wurden wir auch unseren Verbündeten zunehmend lästig. Der Alleinvertretungsanspruch und damit verknüpft die Nichtanerkennung der DDR als Staat machte uns zunehmend lächerlich. Auch jeder Operettenstaat aus nah und fern ließ es sich von uns teuer bezahlen, mit der DDR keine diplomatischen Beziehungen aufzunehmen. Im Volk wuchs die Einsicht, mit den osteuropäischen Nachbarn das Verhältnis zu verbessern, nachdem dies im Westen zuvor schon ganz gut gelungen war.

Die Einsicht war nicht Allgemeingut. Durch das Volk ging ein tiefer Riss. Willy Brandt wurde zum Vaterlandsverräter für die einen, gehörte sogar an die Wand gestellt, für die anderen war er der bußfähige Friedenspolitiker von Weltrang mit Realitätssinn. Die politisch sonst so handlungstüchtige Union war in dieser Frage gelähmt, weil gespalten; der nationale Flügel ließ in dieser Frage nicht mit sich reden, daran konnte auch Weizsäcker nichts ändern, der mit seiner eher regierungsnahen Position in der Minderheit blieb.

Der nationale Flügel träumte von einer Wiedervereinigung in den Grenzen von 1937. Er verdrängte, dass Deutschland den Krieg angezettelt und verloren hatte. Man wollte nicht wahrhaben, dass die Alliierten, schon gar nicht die Russen, aber auch Briten und Franzosen nicht, Interesse an einem wiedervereinigten Deutschland hatten. Erst im Zuge der Vereinigung hat die Union die Realitäten akzeptieren müssen. Die Anerkennung der Ostgrenzen und die Hinnahme des Verlustes eines beträchtlichen Teils des alten Reichsgebietes war Voraussetzung für das »Ja« der vier Siegermächte zur Wiedervereinigung.

Die deutschlandpolitische Realität hatte die Union erreicht. Jahre zuvor die SPD, als sie ihren Frieden mit der Politik der Westintegration machte. So ganz konnte die Union in Sachen Deutschlandpolitik nicht von Illusionen lassen. Kohl ließ sich als Kanzler der Einheit feiern und fühlte sich wie Bismarck II. Das war natürlich ganz daneben und hatte mit den Realitäten nichts zu tun. Die Wiedervereinigung wurde ermöglicht durch den Niedergang der Sowjetunion, die keine Möglichkeit mehr hatte, ihre westlichen Satrapenstaaten bei der Stange zu halten.

Die Freiheitsbewegungen besonders in Polen, aber auch in Tschechien und Ungarn und bei uns die friedliche Revolution in Ostdeutschland mit der Öffnung der Mauer – diese Faktoren haben die Einheit bewirkt. Sie war nicht aufzuhalten von Mitterand und Thatcher, sie wurde besiegelt durch Gorbatschow und Bush. Es hätte gewiss nicht geschadet, den Ostdeutschen ihren Stolz auf das Erreichte zu lassen und sich nicht in einen Einheitsrausch zu versetzen. Der Regierung Kohl fiel die Aufgabe zu, die Vereinigung zu organisieren. Das war schwer genug. Bis heute müssen wir die Teilung durch Teilen überwinden. Keiner redet mehr von blühenden Landschaften im Osten, die praktisch von selbst entstehen würden. Realität sind Transfers in Höhe von Hunderten Milliarden DM oder Euro von West nach Ost, und ein Ende ist nicht absehbar, mit zum Teil absurden Konsequenzen zu Lasten westdeutscher Städte, aber das ist eine andere Geschichte.

Es ändert übrigens nichts daran, dass Kohl der herausragende Europäer seiner Zeit gewesen ist, und auch nicht, dass während seiner Kanzlerschaft (immerhin 16 Jahre!) zentrale innenpolitische Themen unbearbeitet blieben. Das hat dann später zum Verdruss weiter Teile der SPD und der Gewerkschaften Schröder machen müssen, was ihm serienweise Niederlagen bei Landtagswahlen eintrug und ihn die Kanzlerschaft kostete. Die Agenda 2010 wurde zum politischen Schmähbegriff mit der Rente ab 67 obenan. Die politischen Früchte haben dann Nachfolgende geerntet; wir sind nicht ohne Grund aus den wirtschaftlichen Turbulenzen der letzten Jahre einigermaßen glimpflich davongekommen.

Sehr bald schon nach meiner ersten Wahl am 19. November 1972 in den Deutschen Bundestag habe ich gemerkt, dass mit dem Wahltag nicht der Abschied von Wuppertal gemeint war. Gewiss, der Auftrag damals lautete, in Bonn beim Gesetzeschmieden oder -unterlassen mitzumachen, aber »ihren« Abgeordneten wollten sie in gleicher Weise auch zu Hause, in Wuppertal, haben. Das machte sich sehr schnell bemerkbar. Die Telefonanrufe wurden mehr und dichter; es waren schon zu Beginn nicht nur Glückwünsche. Ein ehemaliger Delinquent gratulierte mir zur Wahl, obwohl drei Jahre und zehn Monate Gefängnis hart gewesen seien. Aber meine Fairness, so sagte er weiter, hätten ihn so beeindruckt, dass er mich sogar gewählt habe. Was sollte man nur dazu sagen? Was folgte und sich in den 28 Jahren meiner Zeit als Abgeordneter nie änderte, waren die Bitten um Hilfe bei der Lösung sehr konkreter Sorgen, fast nur Ansprachen um die großen und kleinen Fragen der Politik.

Da ging es um Rentenberechnungen, um Ärger mit Ämtern und Verwaltungen, um Lehrstellen für Sohn oder Tochter, um Familienzusammenführungen mit jenseits des Eisernen Vorhangs lebenden Verwandten, um Schwerbehindertenausweise und so fort. Nicht immer konnte man helfen, aber manchmal doch. Da war der plötzliche Tod eines selbständigen Handwerksmeisters, der die Witwe zusätzlich in existentielle Not brachte, weil der als Nachfolger vorgesehene Sohn gerade zum Bund sollte. Nach zähem Hin und Her konnte dieser in die Fußstapfen des Vaters treten; die Bundeswehr hatte verstanden. Mit ganz Privatem hatte ich mehr zu tun, als man denken kann. Eine Mutter hatte Sorgen mit ihrem Sohn und fragte mich, ob ich einmal mit ihm reden könnte. »Vielleicht hört er auf Sie«, äußerte sie erwartungsvoll. Ein Blumenfreund im ersten Stock eines Wohnhauses hatte Streit mit dem Bewohner des zweiten Stocks darüber; er verdächtigte ihn, seine Blumen durch Streuen von Salz und Pfeffer kaputt zu machen. Seine Aufforderung: »Lesen Sie dem mal die Leviten! Sie haben doch Autorität!«

Alleinsein veranlasste manche, mit mir Kontakt zu suchen, um sich auszusprechen. Das merkte ich sehr bald bei einer alten Frau aus Wichlinghausen, die mich gebeten hatte, wegen einer Adoptionssache doch einmal vorbeizukommen. Von Adoption war bald keine Rede mehr, wohl aber bei Kaffee und Kuchen von Gott und der Welt, vom Krieg und dem alten Barmen vor der Vereinigung mit Elberfeld. Am Ende musste ich versprechen wiederzukommen. Und ich sollte nicht vergessen, meine Frau mitzubringen.

Selbstverständlich gab es regelmäßigen Informationsaustausch mit Gewerkschaften und IHK. Es war allemal wichtig für die Arbeit in Bonn und Berlin. Bei einer Novellierung des Abwasserrechts sprach mich der Wupperverband an und machte darauf aufmerksam, dass nicht einmal die technischen Bedingungen des alten Rechts, geschweige denn die vorgesehenen neuen zu erfüllen seien. Gut zu wissen; das war mir neu. Die Kreishandwerkerschaft bat mich zum Gespräch, als die Debatte um das Für und Wider des dualen Systems besonders heftig war. Und ich meinerseits sprach die Innungsmeister an, wenn die Zahl der Lehrstellen nicht reichte.

Vorwerk, einer der größten Arbeitgeber in der Stadt, wies mich darauf hin, dass eine geplante Änderung der Regeln über Haustürgeschäfte für das Unternehmen existentielle Bedeutung habe. Das trugen Firmenleitung und Betriebsrat in bemerkenswerter Eintracht vor. Bundesjustizminister Hans-Jochen Vogel konnte bei einem baldigen Besuch die Sorgen zerstreuen. Die Firma Bayer hat mich regelmäßig offen informiert, auch wenn es um das kritische Thema Tierversuche ging. Die gerade in Wuppertal nicht kleine Gemeinde der Anhänger von naturheilkundlichen Mitteln und Verfahren meldete sich deutlich zu Wort, als im Zuge einer Neufassung des Arzneimittelrechts diese nicht mehr oder jedenfalls nicht zureichend berücksichtigt zu werden schienen. Das war ernst zu nehmen, dass wusste ich aus eigener Erfahrung. Schon meine Mutter war bei Belladonna und Nr. 5 und Nr. 7 nicht nach Spaßen zu Mute. Und meine Schwester schwört noch heute Stein und Bein auf diese Mittel.

Mit den Kommunalpolitikern ist nicht gut Kirschen essen, wenn man sich in ihre Angelegenheiten mischt. Als ich vor bald 30 Jahren – lange bevor Assauer und Hoeneß daran dachten – bei der Renovierung des alten Stadions für eine überdachungsfähige Anlage mit Mehrfachnutzung warb, erntete ich auch bei Wohlmeinenden nur beredtes Schweigen.

Bei Abschluss der Städtepartnerschaft in Košice 1979 war ich denn doch dabei, vielleicht auch deswegen, weil es die erste Partnerschaft dieser Art war und damit wohl auch außenpolitische Bedeutung hatte. Die Wuppertaler Delegation wurde jedenfalls von der Deutschen Botschaft in Prag beraten, und unsere Gastgeber mussten sich in Formulierungsfragen immer wieder mit ihren übergeordneten Stellen abstimmen. Als ein Mitglied der Wuppertaler Delegation glaubte, darauf bestehen zu müssen, dass der frühere Stadtname »Kaschau« in den Text der Partnerschaftsurkunde müsse, war fast Schluss mit lustig. Wir haben die Partnerschaft dann doch noch zustande gebracht – nach ausgiebigem Konsum von Tokajer. Ich habe seitdem nie mehr einen Tropfen davon angerührt. Beim Abschied versicherten uns die Gastgeber, sie hätten uns nicht abgehört; sie hätten zwar darüber beraten, aber bei Freunden tue man so etwas nicht. Wir haben das nicht so recht geglaubt. Aber im Grunde genommen war es uns egal, wir hatten nichts zu verbergen.

Eine Erfahrung ganz besonderer Art habe ich im Zusammenhang mit der Bemühung gemacht, die Stilllegung der alten Samba-Eisenbahnlinie zu verhindern. Damals erregte eine Bürgerinitiative viel Aufsehen, und ich war mit im Boot, denn Bundesbahn war auch damals Bundessache. Als nach vielem Hin und Her der Samba – wenn auch mit ausgedünntem Fahrplan – gerettet war, habe ich dafür geworben, den Samba mehr und verstärkt zu nutzen. Eine Antwort, die ich nie vergessen werde: »Bisse bestusst, wir fahren doch Auto!« Das hätte ich vorher wissen müssen. – 2005 war dann für mich Schluss.

Zum Abschied vom Amt des Wehrbeauftragten gab das Bundeswehrmusikkorps im Bendler-Block für mich eine Serenade, eine Art abgespeckten Zapfenstreich. Drei Lieder konnte ich auswählen; ich habe mich sehr bewusst auch für das Bergische Heimatlied entschieden. Die anwesenden Wuppertaler haben es zur Verwunderung anderer auch gesungen. Der Abend klang aus in einem Bierlokal am Gendarmenmarkt. Wir waren fröhlich und guter Dinge. Ich war wieder Privatmann.

Deutschland ist ein gutes Land. Ob es so bleibt, hängt auch ab von der moralischen Qualität der Menschen. Die menschliche Gier zerstört ein Staatswesen, der gesunde Erwerbssinn nicht. Das ist geschichtliche Binsenweisheit, die schon im klassischen Altertum wurzelt. Menschliche Gier kennt kein öffentliches Interesse, schon gar keinen Gemeinsinn. Es ist ein Wesenszug, der leider zum Menschen gehört und gebändigt werden muss. Auch durch Gesetze und in Sonderheit auch durch solche, die über die Staaten hinaus gelten.

Es kann, ja es darf nicht sein, dass das Fehlverhalten einer Berufskaste Währungen und Volkswirtschaften in den Abgrund zieht. Das ist leider kein Kino, sondern bittere Realität.

Was ist das für ein Bankwesen, das die dienende Rolle für die Realwirtschaft, für die Finanzierung von Investitionen jedweder Art, für die Finanzierung von Unternehmen und Unternehmungen aus dem Auge verliert und sich mehr und mehr auf Wetten konzentriert und daraus Finanzprodukte bastelt, die selbst Fachleute nicht verstehen und die nur dem einen Zweck der Gewinnerzielung um jeden Preis dienen? Das 25-Prozent-Renditeziel der Deutschen Bank fällt einem ein. Ich kenne keinen Unternehmer der Realwirtschaft, der auf solches Wachstum setzen könnte oder auch nur daran dächte.

Die Konsequenzen eines solchen Irrsinns brauchen die Urheber nicht selbst auszubaden. Es gibt ja immer Dumme und Gierige genug, die so etwas mitmachen. Im Zweifelsfall gibt es ja den vielgescholtenen Staat, der angeblich nicht wirtschaften kann, aber für dieses degenerierte Wirtschaften haften soll. Was hat die Realwirtschaft in Großbritannien eigentlich davon, dass die britische Regierung um den Finanzplatz London so verbissen kämpft und noch nicht einmal den Ansatz einer Transaktionssteuer zulässt, wohingegen in der Realwirtschaft alle Geschäftsvorgänge mit Steuern noch und nöcher belastet werden? Geld kann doch niemals Selbstzweck sein, muss immer Mittel zum Zweck bleiben.

Das Vermögen muss einigermaßen gerecht verteilt sein, es dürfen nicht immer weniger immer mehr besitzen. Die Kluft zwischen Arm und Reich darf nicht quasi naturgesetzlich immer tiefer werden. Der Sozialstaat muss Kitt unserer Gesellschaft sein und bleiben; das schließt ständige Bemühungen und Verbesserungen mit ein und darf die Eigenverantwortung des Einzelnen nie aus dem Auge verlieren.

Der Euro ist eine gute Währung. Wir müssen akzeptieren, dass es in Euroland völlig unterschiedliche Auffassungen vom Wirtschaften, besonders vom Umgang und von staatlicher Administration gibt. Wir können nicht erwarten, dass alle unser Antiinflations-Gen übernehmen. Wir dürfen nicht vergessen, dass andere Länder auch deshalb in Schwierigkeiten geraten sind, weil sie unsere Produkte auf Pump gekauft und damit zu unserem Wohlstand beigetragen haben.

Die Energiewende ist eine demokratisch legitimierte Entscheidung. Das ist in Ordnung. Nun muss nach dem Ende der Kernenergie das Zeitalter der Alternativen beginnen, und die Frage der Endlagerung des Atommülls endlich entschieden werden.

Es muss in Sachen Friedenspolitik unser Ziel sein und bleiben, überschaubare Ziele im Auge zu behalten. Das ist auf dem Balkan geglückt und war schwer genug. In Afghanistan und vorher auch im Irak mussten wir erfahren, dass noch so gut gemeinte Hilfe nichts taugt, wenn die einheimische Bevölkerung damit nichts anzufangen weiß. Das wird sich auch in Libyen, ebenso in Ägypten und Syrien erweisen. Der Sturz eines Regimes ist eine Sache; die Errichtung eines neuen muss Sache der Einheimischen selbst bleiben, wenn es denn tragfähig sein soll.

Im Bereich der inneren Sicherheit, um die ich mich politisch besonders gekümmert habe, darf man nicht müde werden, darauf hinzuweisen und darum zu werben, dass der demokratisch verfasste Staat sich nie und unter keinen Umständen verbrecherischer Mittel bedienen darf – auch nicht zum angeblichen Schutze seiner selbst und seiner Bürger –, die für Verbrecher gang und gäbe sind.

Es ist ein Aberglaube, dass immer mehr Strafrecht immer mehr Sicherheit schafft. Vielstraferei schärft die Klinge des Strafrechts nicht. Es müssen Kernbereiche menschlichen Fehlverhaltens sein, die unter Strafe gestellt werden. Nebenbei gesagt: das Strafrecht kann nur das ethische Minimum absichern; die Beachtung der strafrechtlichen Regeln ist nicht schon das ethische Maximum.

Der Staat ist nicht wehrlos; die Aufklärungsquoten, gerade bei schwersten Straftaten, können sich sehen lassen. Aber er kann nicht totale Freiheit von Verbrechern und Verbrechen garantieren. Wer sich das zum Ziel setzt, hat es bald mit der Fratze des totalitären Staates zu tun, ohne Gewähr übrigens dafür, dass es dann verbrechensfrei zuginge. Ganz im Gegenteil. Indem der Staat und seine Organe selbst zu institutionalisierten Verbrechern werden, wird zusätzlich eine Kriminalität geschaffen, die das gesamte Staatswesen umfasst und die keiner wollen kann.

Damit auch dies zur Sprache kommt: kein Staat, ob nun demokratisch verfasst, diktatorisch oder noch anders beschaffen, kann verhindern, dass es immer wieder Menschen gibt, die sich an Kindern vergreifen. Das wird auch das schärfste Strafrecht nicht schaffen können. Aber wenn es denn so ist, muss der Staat über das Strafrecht hinaus die Möglichkeit haben, zum Schutze der Kinder solche Menschen zwangsweise unterzubringen, solange sie gefährlich sind.

Es ist Gewohnheit geworden, Politiker abzuwatschen, wo immer sich das anbietet. In jüngster Zeit ist die *Bild*-Zeitung sogar gegen den Bundespräsidenten in den Ring gestiegen mit dem bekannten Ergebnis. So viel ist klar: Wer öffentliche Verantwortung hat, darf sich nicht beklagen, wenn er auch persönlich »öffentlicher« wird, als er es zuvor ohne öffentliche Verantwortung war.

Andererseits verlieren sich die Maßstäbe für Politiker mehr und mehr in die Bereiche des Unerreichbaren. Man gewinnt zunehmend den Eindruck, dass es eine Mischung zwischen Mutter Theresa, Goethe, Justus von Liebig, Lise Meitner, Otto von Bismarck, Beethoven, Immanuel Kant und Moltke schon sein müsste, um die Erwartungen an die Qualität von Politikern erfüllen zu können. Das ist natürlich Unsinn. Gewiss sollten es nicht die ganz Schlechten und die ganz Dummen sein, die politische Verantwortung übernehmen, aber Menschen auch mit Unzulänglichkeiten sollten es schon sein. Sie unterscheiden sich wohltuend von den Übermenschen, mit denen die Menschheit nie gut gefahren ist. Gelegentlich werden in diesem Zusammenhang Sehnsüchte nach Monarchie geäußert. Wenn man die handgeschriebenen Anmerkungen Wilhelms II. in den Akten des AA unmittelbar vor Beginn des Ersten Weltkrieges liest, vergehen einem solche Gelüste: Eine unfreiwillige Offenbarung von Inkompetenz, Eitelkeit und Verantwortungslosigkeit, wo es doch um Krieg oder Frieden und um das Leben Hunderttausender ging. Um aber nicht einer Stellungnahme zum Fall des Bundespräsidenten Wulff auszuweichen, sage ich: Polizei und Staatsanwaltschaft werden herausfinden, ob sich Wulff strafbar gemacht hat oder nicht. Ich glaube: eher nicht. Wulff ist nicht das Opfer der *Bild*-Zeitung. Wulff ist politisch gescheitert. Das Amt des Bundespräsidenten kann heutzutage den Amtsinhaber nicht mehr tragen und damit Schwächen überdecken. Das Amt des Bundespräsidenten muss der Amtsinhaber selbst ausfüllen. Wer das nicht kann, stolpert, wie es bei Wulff geschehen ist. Das Amt des Bundespräsidenten hat keinen Schaden genommen, jedenfalls keine bleibenden. Das Amt des Bundespräsidenten hält eine Fehlbesetzung aus.

Wuppertal hat eine Zukunft, wenn es Bürger in und für Wuppertal gibt. Es ist kein Zeichen, für Bürgersinn zu quengeln und zu nörgeln und wehmütig an Wuppertal zu denken, wenn man auf Reisen ist.

Ja, wir haben eine große Vergangenheit. Und die lässt sich an Tatsachen festmachen und mit Namen belegen. Wuppertal ist eine der ältesten Industriestädte Deutschlands und hatte schon Rang, als Gelsenkirchen nicht einmal buchstabiert wurde. Die Schwebebahn ist bis heute leuchtendes

Vorbild für vorausschauende Verkehrspolitik und moderne Technik. Die Farbenfabriken Bayer sind hier gegründet worden und nicht in Leverkusen – von Friedrich Bayer und Johann Friedrich Westkott in Barmen. Die Firma Vorwerk ist weltweit aktiv. Pina Bausch, die Dichterin Else Lasker-Schüler, der Film-Regisseur Tom Tykwer, die Dirigenten Günter Wand und Hans Knappertsbusch, der Maler Hans von Marées haben allesamt Weltruf. Die Gebrüder Zahn haben eine Ära in der deutschen Wirtschaft geprägt wie Carl Duisberg bei IG Farben und Karl Winnacker bei den Farbwerken Hoechst. Die Arbeiterführer Heinz Kluncker und Bernhard Letterhaus sind weit über die Grenzen des Tals hinaus bekannt und anerkannt. Wer kennt noch Gerhard Meyer-Schwickerath, den Pionier der Lasertechnik auf dem Gebiet der Augenheilkunde? Wer weiß schon, dass der Chemiker Felix Hoffmann Wuppertaler war, dem die Menschheit das Medikament Aspirin verdankt? Und es schmückt die Stadt und ihre Bürger nicht, dass nicht einmal seine Grabstätte bekannt ist. Nicht zu vergessen Friedrich Engels, dessen sozialwissenschaftliche Reflexionen weltweite Veränderungen auslösten. Die Liste ließe sich fortsetzen.

Natürlich gibt es dunkle Namen. Julius Dorpmüller ist so einer. In seine Amtszeit als Reichsverkehrsminister fallen die Judendeportationen, und da hilft auch nicht, dass sein Staatssekretär Ganzenmüller der eigentliche Akteur war; Dorpmüller trifft die Organisationsverantwortung. »Emmes« Feller war ein besonders schlimmer Finger. Er war ein stadtbekannter Schläger und war trotzdem in Wuppertal während der Nazizeit zeitweise Polizeipräsident. Zum Schluss umfasste sein Strafregister 32 Vorstrafen. Erich Koch war im Dritten Reich Gauleiter und Reichskommissar für die Ukraine und für seine Amtsführung berüchtigt. Goebbels, Gott sei Dank nicht Wuppertaler, hat in den Zwanziger Jahren in der

Holzer Straße 18 gewohnt und in der Auer Schulstraße 8 das Parteibüro geleitet. Sie nannten ihn »Kraum« ; das hinderte ihn nicht, hier und von hier zu agitieren. Das KZ-Kemna wird ein Schandmal in der Geschichte unserer Stadt bleiben.

Trotzdem, das Positive überwiegt ganz eindeutig. Aber von der Vergangenheit kannst du nicht leben. Selbstkritisch muss man einräumen, dass die Schwebebahn, wenn sie denn noch nicht existierte, heutzutage nicht einmal in Erwägung gezogen würde. Geht doch nicht, kann man nicht, völlig verrückt – so oder so ähnlich würde ein solcher Plan sehr schnell beerdigt sein.

Es stimmt: Wir haben kein Klima der Perspektiven, für Zukunft und schon gar nicht für Visionen. Am Beispiel der Nordbahn-Trasse lässt sich sehr deutlich ablesen, wie es um den Gemeinsinn von Bürgern und dessen Unterstützung bestellt ist. Ja, es gibt eine Substanz von Bürgersinn, vielleicht nicht immer einfach im Umgang. Es passt nicht zur Not unserer Zeit, sich zu zerfransen oder sich gar zu bekämpfen. Was das Regime der Stadt angeht: Ja, das gute Haushalten ist eine Voraussetzung für eine gute Zukunft, aber es ist nicht die gute Zukunft selbst. Wir brauchen ein Ziel für die Stadt. Es ist nicht mit Schablonen wie Hauptstadt des Bergischen Landes oder neuerdings Schwebebahnstadt getan. – Letzteres ist übrigens hübsche Folklore.

Es sollten sich die besten Köpfe der Stadt zusammentun, um herauszufinden, was denn die Zukunft der Stadt sei. Dabei denke ich auch an das Potential der Universität; dieser Werkstoff ist für unsere Stadt noch nicht gehoben. Wenn es denn eine kommunalpolitische Aufgabe gibt, dann die: Das politische Klima muss sich grundlegend ändern – weg von der Lethargie, weg von der Gleichgültigkeit und weg von der ewigen Kritikasterei. Ich glaube, ja, ich bin davon überzeugt, dass das möglich ist. Als Oberbürgermeister Johannes Rau den Kiesbergtunnel eröffnete, war es da – das Wir-Gefühl. Und noch nachhaltiger bei der Entscheidung für die Universität.

Es ist für mich immer etwas Besonderes gewesen, direkt gewählter Abgeordneter von Wuppertal zu sein – und das achtmal mit überzeugenden Mehrheiten. Ich lebe hier gern und habe es Zeit meines Lebens getan. Ich hätte mich nie von Wuppertal trennen können. Es ist meine Geburtsstadt und die meiner Vorfahren bis 250 Jahre zurück. Es sind die Straßen und Treppen, die Stadtviertel, die Wälder und Berge, der Fluss und die Menschen, von deren Mentalität ich auch so manches habe, die mich festhalten.

Von allen Anerkennungen, die ich erfahren habe, sind mir die aus Wuppertal am liebsten gewesen. Ich denke an die Ehrenmitgliedschaften in Vereinen, bei den Freien Schwimmern, im Kraftsportverein von 1896, beim TV Friesen, dem Wuppertaler Yachtclub Bevertalsperre und dem SV Bayer. Die goldene Ehrennadel des örtlichen Betriebssportverbandes will ich nicht vergessen und natürlich auch nicht die Goldene Schwebebahn der Heimat- und Bürgervereine und den Ehrenring der Stadt Wuppertal. Ich habe dies immer als Zeichen besonderer Verbundenheit gesehen.

Die schönste Auszeichnung, die ich bekommen habe, war die Verleihung des Ehrenbürgerrechts. Mit keinerlei Vorteilen verbunden, wie es im offiziellen Text der Stadt heißt. Wohl wahr. Als ich aus Anlass der Verleihung hinter dem Rathaus parkte, musste ich Parkgebühren bezahlen wie jeder andere auch. Und das ist auch in Ordnung.

»Mack wat de woss, de Lück kallen doch«, sinngemäß: »Unternimm, was du für richtig hältst, die Leute quatschen doch.« Diesen Wandteller schenkte der Sozialdemokrat Hans Röttgen 1972 Willfried Penner zum erstmaligen Einzug in den Bundestag. Der jüdische Mitbürger Röttgen war während des Dritten Reiches emigriert. Der Teller hat alle Umzüge mitgemacht und hängt heute im Flur der Wohnung.

Erinnerung an eine magere und prägende Zeit: Eine Karte mit Lebensmittelmarken aus dem Besitz Willfried Penners

Für ein Leben im Frieden dankbar
Rede vor der IG Metall in Wuppertal

Im Dezember 2016 sprach Willfried Penner vor der Wupper-
taler IG Metall. Er setzte sich mit dem damals gerade inthro-
nisierten US-Präsidenten Donald Trump auseinander und äu-
ßerte sich ausführlich über die Gewerkschaftslandschaft der
bergischen Metropole – von der IG Bergbau–Chemie–Energie
bis zur Gewerkschaft Erziehung und Wissenschaft. Wer eine
Gewerkschaftsgeschichte Wuppertals im 20. und beginnenden
21. Jahrhunderts schreiben will, wird in dem folgenden Text
viele Anregungen und Informationen finden.

Nun haben die Amerikaner ihren Trump. Sie haben ihn
gewählt. Ab Januar wird er der Präsident der USA sein. Wir
in Europa haben uns kaum vorstellen können, dass man einen solchen Maulhelden, Milliardär, ohne Steuern zu zahlen,
wählen kann. Es ist dann doch so gekommen. Seine Partei,
die Republikaner, hat ihn aufgestellt. Die Mitbewerber hatten
keine Chance. Weder die Gemäßigten, wie Jeb Bush, noch
die Erzkonservativen wie Ted Cruz – sie wurden beschimpft,
verachtet und geschmäht, bis Trump als einziger übrigblieb.
Und dann hat ihn das amerikanische Volk gewählt. Zu 53
Prozent die Frauen, obwohl Trump sie öffentlich als Sex-
objekte einordnete.
    Bei uns hätten manche seiner Äußerungen zu Raus-
schmiss, ja zu strafrechtlicher Verfolgung geführt. Lässt tief
blicken, wie viele Frauen in USA sich auch heute noch sehen.
Die Industriestaaten wie Ohio und Michigan haben ihn
gewählt – genauer die Arbeiterschaft dort, die bisher treue
Wähler der Demokraten gewesen waren. Er hat ihnen ver-
sprochen, sie würden ihre alten Arbeitsplätze in der Industrie

wiederbekommen, indem er Mauern und Schutzzölle errichten wolle. Nichts davon wird geschehen. Die USA selbst können sich aus dem globalisierten Wirtschaftsleben nicht lösen. Ein Beispiel nur: Wenn die Mexikaner große Teile ihres sauer verdienten Geldes nicht mehr in die Heimat überweisen können, fehlt es dort an Kaufkraft, um amerikanische Produkte kaufen zu können. Die Zeche dafür zahlt nicht Trump, sondern zahlen die genasführten Arbeitnehmer in USA.

Oder anders gesagt: Die Textilstadt Wuppertal gibt es nicht mehr, seit vielen Jahren schon. Das ist unwiderruflich Vergangenheit. Betriebe und Arbeitsplätze sind abgewandert, zunächst nach Südosteuropa und Nordafrika, heute Asien. Ich weiß, wovon ich rede. Mein Großvater war Bandwirker, und auch die Klingen- und Messerstadt Solingen ist passé. Seit vielen Jahren schon. Wunderbare Reste kann man noch bestaunen im Herbst in der Merscheider Straße bei der jährlichen Messer-Mette. Eine überschaubare Veranstaltung mit wenigen Ausstellern und hochwertigen Schneidwerkzeugen. Eine Nische noch, kein Wirtschaftsfaktor mehr! Made in Solingen? Vergangenheit!

Hoffentlich will euch niemand glauben machen, das käme wieder. Und wenn es denn solche Gaukler und Schwindler gäbe, so möchte ich hoffen, dass keiner ihnen auf den Leim geht. Damit ich's nicht vergesse: Vorrangig und ganz obenan steht für Trump eine Steuerreform zugunsten großer Vermögen! Da werden die Industriearbeiter sicher jubeln!

Im Mai bin ich 80 Jahre alt geworden. Die Stadt gab einen Empfang. Und einige von euch waren auch dabei. Das hat mich sehr gefreut. Es hat mich aber auch daran erinnert, dass wir Zeit meines politischen Mandats beisammengeblieben sind – und zwar verlässlich. Es begann mit einer ersten Begegnung mit Heinz Herr kurz nach meiner ersten Wahl in den

Bundestag im November 1972. Er erklärte uns die wichtigsten politischen Interessen der IG Metall, wozu ganz obenan die paritätische Mitbestimmung gehörte, und die besondere Wichtigkeit von Kugelfischer und Vorwerk in Bezug auf Arbeitsplätze im Bezirk der IG Metall. Andere Firmen erwähnte er auch, sie existieren größtenteils nicht mehr. Er sei Solinger, sagte er noch; Otto Rübenstrunk, sein Partner, sei Elberfelder und lebensfroh. In der Tat war Heinz ein kantiger Bergischer; er konnte auch schroff sein, und zu knöttern war ihm nicht fremd. Der Bergische Willfried Penner hat das gut verstanden. Wir haben uns aufeinander verlassen können.

Klaus Wetter lernte ich schon früh kennen und noch mehr schätzen. Wir waren bis zu seinem Tod gute Freunde. Durch ihn kam ich der IG Metall noch näher, habe an Demonstrationen teilgenommen und noch mehr erfahren. Die Metaller haben mich ihrerseits bei Wahlen unterstützt – auch mit Namen und Adressen in Wahlanzeigen. Ich werde das nicht vergessen. Bei dem Kampf um den legendären Streikparagraphen 116 AFG hat zwischen uns kein Blatt Papier gepasst. Und als die Gerüchte sich verdichteten, die Haustürgeschäfte würden gekippt, schlug die hiesige IG Metall mit Vorwerk zusammen wegen des Kobolds Alarm. Jochen Vogel, damals Justizminister, stellte an Ort und Stelle klar, und die Szene beruhigte sich.

Als Blumhardt ins Trudeln geriet, baten mich Belegschaft, Betriebsleitung und IG Metall um Hilfe. Es ging um einen Überbrückungskredit in Höhe von fünf Millionen DM. Der konnte zwar beschafft werden. Aber dieses Geld hat auf Dauer nicht geholfen. Leider!

Eugen Loderer war manchmal Gast in der Bundestagsfraktion. Eine ernst zu nehmende Persönlichkeit, die sich nach Kräften mühte, der sozialliberalen Koalition zu helfen. Franz Steinkühler war da anders. Rhetorisch glänzend, die Menschen begeisternd, zog er gegen die kleine Koalition zu Felde. Unter anderem in Stuttgart vor 70 000 Teilnehmern. Leider stolperte er sehr bald über einen unerlaubten Aktienkauf.

Sehr geschätzt habe ich Berthold Huber. Ich lernte ihn kennen, als Axel Dirx Bevollmächtigter war. Ein besonnener und weitsichtiger Mann, der die Weichen von der reinen Blaukittel-Gewerkschaft hin zur modernen Industriegewerkschaft mit stellen half.

Und örtlich? Ich darf Elias Hadjiandreou nicht vergessen, einen Weisen aus Griechenland, der sich nicht zu schade war, beim Aufbau einer neuen IG Metall in Ostdeutschland mitzuwirken; ich denke an Horst-Dieter Röhrig, Wegbegleiter schon seit Nützenberger Tagen, an Klaus Schmidt, verwurzelt in der IG Metall wie im Fußball, an Jörg Blume, den ich schon aus der Kommunalpolitik kenne, Jonny Vollmer, vielmaliger Delegierter von SPD-Konferenzen, nicht zuletzt an Axel Dirx, die große Hoffnung nicht nur seiner Gewerkschaft – leider seit Jahren sehr krank. Klar, auch an Gerd Schaible, den ich schon seit Kugelfischer-Zeiten kenne.

Wer in Wuppertal ein politisches Mandat hat, kommt an der IG Chemie nicht vorbei. Natürlich wegen Bayer, einem nach wie vor wichtigen Arbeitgeber in unserer Stadt. Deshalb waren für mich regelmäßige Begegnungen mit Belegschaft und Firmenleitung selbstverständlich. Hermann Krebs war mir dabei wertvolle Hilfe. Er war Betriebsrat und kannte Bayer bis in die Verästelungen wie kein anderer. Als vor Jahr und Tag die Wellen der Empörung wegen Tierversuchen wieder einmal hochschwappten, baten mich die Bayeraner um Rat. Sie haben dann sehr offen informiert und die Zusage, von Tierversuchen mehr und mehr abzusehen, eingehalten. Die ärgsten Kritiker mussten auch einräumen, dass ohne diese Pharmaforschung manches wirksame Heilmittel nicht erfunden worden wäre. Darauf hätten auch die hartnäckigsten Tierschützer dann nicht verzichten wollen.

Der Kampf um die Firma Bemberg wird mir immer in Erinnerung bleiben. Und damit verbunden sein Betriebsratsvorsitzender Albert Langwieler, der übrigens auch Stadtverordneter war. Dieser Mann wurde zum Symbol eines zunächst erfolgreichen Ringens für den Verbleib der Firma in Wuppertal. Dass Bemberg heute nicht mehr besteht, ändert nichts an den Verdiensten dieses trefflichen Mannes.

Als ich in Bonn anfing, gab es noch Reste der einstigen Textilstadt Wuppertal. So war es kein Wunder, dass es im DGB-Haus auch noch eine Geschäftsstelle der Gewerkschaft Textil und Bekleidung gab. Deren Geschäftsführer war Gerhard Levita, ein fröhlicher Mann offenen Wortes. »Sag mal«, fragte er mich bei unserer ersten Begegnung, »bist du mit Rolf Penner verwandt?« Es war mein Vetter, der bei Schlieper und Baum als Lehrling begonnen hatte und nunmehr Geschäftsführer war. »Mit Rolf klappt die Zusammenarbeit sehr gut. Hast 'nen netten Vetter«, fuhr er fort. Es gibt Unangenehmeres als einen netten Vetter, habe ich mir gedacht.

Mit den Gewerkschaften des öffentlichen Dienstes hatte ich viel zu tun. Ich war ja überwiegend in der Innenpolitik tätig und war damit auch für die Angelegenheiten des öffentlichen Dienstes zuständig. Die Gewerkschaft der Eisenbahner war überwiegend sozialdemokratisch gesinnt; zum Teil sogar Mitglieder der SPD. Sie wären eigentlich auch bei der damaligen ÖTV gut aufgehoben gewesen. Eigentlich! Die Eisenbahner aber waren gerne Beamte, und die ÖTV war für ein einheitliches öffentliches Dienstrecht, und außerdem bleiben die Eisenbahner gerne für sich. So wurden sie zu einer selbstständigen Einheit unter dem Dach des eher konservativen Beamtenbundes.

Einer der Vorsitzenden des Beamtenbundes zu meiner aktiven Zeit war Werner Hagedorn, den ich schon als Werkstudent im Finanzamt Wuppertal-Elberfeld kennengelernt hatte. Er wohnte in Ronsdorf. Ich hatte mit ihm keine Schwierigkeiten. Die Mitstreiter der Post waren straff und sehr stark organisiert. Sie sprachen ein starkes Wort mit; auf Bundesebene wurde das sehr deutlich bei der Privatisierung der Post. Also auch vor Ort in Wuppertal war die Postgewerkschaft mit den Brüdern Ernst und Franz Vollmer an der Spitze sehr präsent. Regelmäßige Begegnungen konnten zwischen uns manchmal rauh und auch unangenehm werden. Trotzdem: Man konnte sich immer aufeinander verlassen. An krumme Züge kann ich mich nicht erinnern.

Mit der Gewerkschaft der Polizei hatte ich neben den Fragen des Dienst- und Besoldungsrechts besonders auch mit dem Thema »Innere Sicherheit« ständig zu tun. Es hat durchweg bei schwierigen Entscheidungen sehr geholfen, nicht auf populistische Abwege zu geraten. Es war für die politische Arbeit auch nicht von Schaden, dass Hans-Peter Kemper aus NRW und Günter Graf aus Niedersachsen, ehemalige Polizisten und Mitglieder der Gewerkschaft der Polizei, als Bundestagsabgeordnete ihr Wissen und die Erfahrung in die Arbeit der Bundestagsfraktion eingebracht haben.

An eine Begebenheit hier in Wuppertal erinnere ich mich noch gut. Die Polizei befürchtete bei einer Wahlkampfkundgebung mit Strauß Radau und Krawalle. Natürlich wurde ich angesprochen, doch bitte für Mäßigung einzutreten. Die Kundgebung fand statt, seine Anhänger jubelten, die SPD blieb ruhig. Die Polizei war erleichtert. Wir gewannen die Wahlen.

Die Gewerkschaft Erziehung und Wissenschaft, die Lehrergewerkschaft, verstand sich als scharf links und hatte über Jahre ein Problem mit dem elenden Radikalenerlass und dem Bekenntnis zur freiheitlich-demokratischen Grundordnung. Danach konnten Mitglieder einer sogenannten verfassungsfeindlichen Partei nicht verbeamtet werden. Und um das sicherzustellen, gebärdete sich der Staat wie ein Gesinnungsschnüffler. Als Lehrer auch im Angestelltenverhältnis eingestellt werden konnten, entspannte sich die Situation langsam. Aus heutiger Sicht trug der politische Streit, typisch deutsch, Züge von Prinzipienreiterei. Gott sei Dank gewann doch der gesunde Menschenverstand die Oberhand. Mit der Wende 1989 wurde der Streit beendet.

Natürlich ist und war die ÖTV die stärkste Gewerkschaft des öffentlichen Dienstes. Und das hatte auch Konsequenzen. Zu allen Fachsitzungen der Bundestagsfraktion hatte die ÖTV Zugang und brachte sich auch bei den Beratungen ein. In Bonn lernte ich dabei Siegfried Merten, den damaligen zweiten Vorsitzenden der ÖTV, kennen. Über das rein Fachliche hinaus fanden wir auch Gelegenheit zum Austausch über andere Themen. »Willfried«, so sagte er einmal, »beim Streik darfst du nie vergessen, dass es anschließend weitergeht.« Wo der Mann recht hat, hat er recht. Er hat übrigens nie verwunden, dass nicht er, sondern die Seiteneinsteigerin Monika Wulff-Matthies Nachfolgerin von Heinz Klunker wurde.

Heinz Klunker war ein herausragender Gewerkschafter seiner Zeit, wahrscheinlich über Deutschland hinaus. Ich lernte ihn über Harald Steup, den damaligen ÖTV-Sekretär, und Heinz Engelhardt, später Landtagsabgeordneter und danach Chefarzt, Sohn eines Müllmanns vom Ölberg, kennen. Er hatte das Vertrauen der Mitglieder, ja mehr noch, sie wären für diesen massigen Mann durch dick und dünn gegangen. Ich habe es verschiedentlich erlebt, wie er von Wellen der Sympathie bei Belegschaftsversammlungen getragen wurde. Natürlich war es auch Dank für seine Tarifabschlüsse, die für den öffentlichen Dienst auch üppig ausfielen. Aber es war mehr noch Dank und Anerkennung für einen Mann, der die Müllwerker, die Straßenbahnschaffner, die Krankenschwestern und andere aus dem Dasein am Rand befreit und in die Mitte der Gesellschaft geführt hatte.

Von ähnlicher Beschaffenheit war der asketische Otto Brenner, legendärer Vorsitzender der IG Metall. Er ließ sich nie von dem Ziel abbringen, dass kein Arbeitnehmer mehr einen Diener vor wem auch immer zu machen brauchte.

Walter Arendt, auch einmal Vorsitzender der IG Bergbau, verkörperte als Minister wie kein anderer sozialdemokratische Sozial- und Arbeitspolitik. Er war nicht zufällig lange Jahre eine starke Stütze in den Koalitionen unter Brandt und Schmidt. Und Georg Leber, einst Vorsitzender der Gewerkschaft Bau, Steine, Erden, hat als Verteidigungsminister die Versöhnung zwischen organisierter Arbeitnehmerschaft und Armee bewirkt. Helmut Schmidt war respektiert und hochgeschätzt, Schorsch Leber haben die Soldaten geliebt.

Wir leben in einer Zeit gewaltiger Veränderungen. Unsere Kinder und Kindeskinder gehen mit neuen Techniken um, die zu meiner Zeit nicht mal erdacht waren. Die Digitalisierung wird 50 Prozent der Arbeitsplätze überflüssig machen, sagen ernst zu nehmende Sachkenner. Andere ebenso kundige Sachkenner behaupten, dass mindestens ebenso viele neue Arbeitsplätze entstehen werden. Wir können nicht in die Zukunft schauen, aber gerade wir Älteren und Alten wissen: Die Welt verändert sich ständig. Auch und gerade im Wirtschafts- und Berufsleben. Mein Großvater war noch Bandwirker hier in Elberfeld, viele andere waren es auch. Dieser Beruf hat sich lange überlebt. Viele meiner Vorfahren waren Weber hier im Tal, Weber wird heute niemand mehr. Ebenso wenig wie Böttcher, Küfer oder Härter. Alles Geschichte. Keiner kann behaupten, dass es den Menschen damals besser ginge. Ganz im Gegenteil. Wir leben heute besser als unsere Eltern und Großeltern, die mit ganz anderen Schwierigkeiten zu tun hatten als wir heute.

Die Demokratie ist ins Gerede gekommen. Vom System höre ich, das überwunden werden müsse. Von Systemparteien, die sich überlebt hätten. Vom Begriff »völkisch«, der uns Deutsche zusammenhalte. Und von Jerome Boateng, den man zwar als Fußballspieler schätze, aber als Nachbar nicht haben wolle. Und so weiter und so weiter. Die bräunlichen Regungen werden wieder hoffähig. Dazu stelle ich fest: Damit haben wir Deutschland und die Welt schon einmal ins Unglück gestürzt. Das wird und darf sich nicht wiederholen. Die Hauptleidtragenden wären an erster Stelle die sogenannten einfachen Leute, die mit Sprüchen und unlauteren Machenschaften geködert werden sollen. Nein, die große und die einzige Chance gerade für solche, die aufeinander angewiesen sind, ist die Demokratie. Hier braucht ihr nicht das Maul zu halten wie in Diktaturen und anderen unappetitlichen Regimen. Hier könnt ihr euch versammeln und zu Gewerkschaften zusammenschließen. Bei den Braunen ist das undenkbar. Aber eine Demokratie lebt von Demokraten. Seien wir also Demokraten, lebendige Demokraten, damit die Demokratie leben kann!

Nach einem langen und auch politischen Leben weiß ich: Ohne Frieden ist alles nichts. Aber auch dies ist wahr: Gegen Verbrecher und Verbrechen muss der Staat vorgehen können. Auch militärisch oder polizeilich – je nachdem. Nach den eigenen Erlebnissen der Kindheit mit Krieg, mit Bomben, mit Toten und Verletzten und nicht zuletzt mit Trümmern bin ich bis heute für ein Leben in Frieden dankbar.

Eine Begebenheit geht mir nicht aus dem Kopf, als Zeichen besonderer Verbundenheit der IG Metall mit mir.

Als ich vor 17 Jahren zum Wehrbeauftragten gewählt wurde, hat mich die hiesige IG Metall im Rahmen einer Delegiertenversammlung in der Stadthalle verabschiedet. Klaus Wetter hat damals in aller Öffentlichkeit gesagt: Bundeswehr und Soldaten könnten glücklich sein, einen solchen Wehrbeauftragten zu haben. Die Delegierten haben mit lebhaftem Beifall zugestimmt. Das hat mich sehr gefreut und gerührt zugleich. Auch ein Anspruch, Erwartung von Freunden gerecht zu werden.

Für das Selbstbestimmungsrecht der Frau
Rede im Bundestag zum Schwangerschaftsabbruch

Eines der großen Vorhaben der sozialliberalen Koalition war 1975 die Reform des Paragraphen 218 Strafgesetzbuch (Drucksache 7/4211). In der Bundestagsdebatte vom 7. November 1975 sprachen für die SPD Dr. Helga Magdalena Timm und Dr. Willfried Penner sowie die Minister Katharina Focke und Dr. Hans-Jochen Vogel. Der folgende Protokollauszug basiert auf dem Stenographischen Bericht der 201. Sitzung des 7. Deutschen Bundestages.

[Vizepräsident Frau Funcke: Das Wort
hat der Abgeordnete Penner.]

Dr. Penner (SPD): Frau Präsidentin! Meine sehr verehrten Damen und Herren! Nicht zum ersten Mal hat Herr Kollege Heck seine achtenswerte Überzeugung zu dieser Frage dargelegt. Ein wesentliches Kennzeichen aller Auseinandersetzungen um die Reform des § 218 ist wohl die Herausforderung zur prinzipiellen Stellungnahme. Herr Kollege Heck hat schon am 17. Mai 1973, als im Deutschen Bundestag vier Entwürfe zur Reform des § 218 zur ersten Lesung anstanden, in rigoros ethischer Form zum Ausdruck gebracht, dass es sich nicht um ein Problem handle, welches durch pragmatisches Vorgehen oder durch die Suche nach dem zweckmäßigsten Weg zu lösen sei.

Aber der Rückzug auf das, was er und mit ihm einige andere als grundsätzliche und darum allein ausschlaggebende Position ansehen, ist in Wirklichkeit die Beschränkung auf nur eine für die politische Entscheidung mögliche Haltung von Belang. Richtig ist, dass persönliche Kompromisse schwerfallen, wo um Entscheidungen mit weitreichenden Bezügen zur sittlichen Grundanschauung und zu individuell gefundenen Haltungen gerungen wird. Aber ein Politiker hat nicht nur seine persönlichen Überzeugungen zu achten, auch wenn diese ihn mit vielen anderen verbinden mögen. Eine große Zahl anderer jedoch wird ihr Recht auf eine davon unterschiedliche Grundanschauung beanspruchen. Dies verpflichtet jeden Parlamentarier zu dem Bemühen, in sein politisches Handeln auch andere als seine ganz persönlichen Überzeugungen einfließen zu lassen. Aus gutem Grund wird die Hoffnung unserer Zeit, die Haltung des anderen zu respektieren, die Pluralität unserer Gesellschaft anzuerkennen, auch bei der Reform des § 218 auf die Probe gestellt.

[Beifall bei der SPD und der FDP]

Denn in gleich starkem Maß sind drei Grundpfeiler politischen Handelns überhaupt angesprochen: Erstens die ethische Grundposition des einzelnen; zweitens die Aufgabe des Politikers, sich auf der Grundlage seiner Erkenntnisse über Ursachen und Entwicklungen sozialen Lebens um die Gestaltung gesellschaftlicher Bedingungen zu bemühen, das Interesse und die Belange jedes einzelnen abwägend; und schließlich drittens die Verfassung, die den rechtlichen Rahmen für sein Handeln bildet.

Die sittliche Grundposition, das gemeinsame Bemühen, ungeborenes Leben in möglichst wirksamer Weise auch durch gesetzgeberische Maßnahmen schützen zu helfen, ist nicht strittig. Gerade darum heißt das gemeinsam zu bewältigende Problem, den geeignetsten Weg im Rahmen unserer Verfassung zu suchen.

Welche Anweisungen und Anforderungen die Verfassung an unser Handeln stellt, ist nach dem Urteil des Bundesverfassungsgerichts vom 25. Februar 1975 zunächst in einer Richtung entschieden worden, die Respekt erfordert. Den verfassungsrechtlichen Rahmen bei der nun endgültigen Reform des § 218 auszuschöpfen war für uns Sozialdemokraten selbstverständlich.

Ich will an dieser Stelle nicht verschweigen, dass die Analyse des Urteils des Bundesverfassungsgerichts zum Fünften Gesetz zur Reform des Strafrechts erschwert und überlagert wurde durch ein anderes Problem, das nicht direkt mit der Frage zu tun hat, welche Reform des § 218 sich im Rahmen des Grundgesetzes hält. Es handelt sich dabei um eine Tendenz der letzten Jahre, Verschiebungen feststellen zu müssen zwischen dem, was die Verfassung als Grenze der Verfassungsgerichtsbarkeit darstellt, und der Entscheidungsfreiheit des Gesetzgebers.

[Wehner (SPD): Sehr wahr!]

In der verfassungsrechtlichen Literatur wird in immer stärkerem Maße die Ansicht vertreten, dass das Bundesverfassungsgericht seit einiger Zeit in Gefahr ist, seine Kompetenz zu Lasten des Gesetzgebers auszuweiten.

[Wehner (SPD): Schwer zu bestreiten!]

Im Sondervotum zu dem hier angesprochenen Urteil heißt es dazu von zwei Verfassungsrichtern – ich zitiere mit Genehmigung der Präsidentin –:

»Die Befugnis des Bundesverfassungsgerichts, Entscheidungen des parlamentarischen Gesetzgebers zu annullieren, erfordert einen sparsamen Gebrauch, wenn eine Verschiebung der Gewichte zwischen den Verfassungsorganen vermieden werden soll.«

Der bekannte ehemalige Verfassungsrichter und Staatsrechtler Professor Leibholz hat das Gebot der richterlichen Selbstbeschränkung als das »Lebenselixier« der Rechtsprechung des Bundesverfassungsgerichts bezeichnet.

[Wehner (SPD): Hat er eigentlich recht!]

Nach Auffassung der beiden Verfassungsrichter, die das Sondervotum tragen, verlässt das Bundesverfassungsgericht mit dem Urteil zur Reform des § 218 den Boden der klassischen verfassungsgerichtlichen Kontrolle. Sie sprechen davon, das Verfassungsgericht dürfe nicht der Versuchung erliegen, selbst Funktionen des eigentlich zu kontrollierenden Organs zu übernehmen. Anderenfalls werde auf lange Sicht die Stellung des Gerichts selbst gefährdet werden.

[Wehner (SPD): Sehr wahr!]

Unabänderlicher Bestandteil unseres Grundgesetzes ist die Trennung und Abgrenzung von Gesetzgebung einerseits und Verfassungsgerichtsbarkeit andererseits. Nur so wird Übermacht einer politischen Kraft verhindert. Die normative Bindung des Verfassungsgerichts ergibt sich also aus der Funktionszuweisung des Grundgesetzes selbst. Artikel 93 des Grundgesetzes bestimmt die Aufgabe der Verfassungsgerichtsbarkeit derart, dass ihr gegenüber dem Gesetzgeber eine rechtliche Kontrollfunktion zukommt.

Menger, ein anerkannter Lehrer des öffentlichen Rechts, spricht davon, dass »die Grenze der Gerichtsbarkeit dort erreicht ist, wo nicht mehr durch juristisch rationale Methoden der Inhalt der Norm festgestellt wird, sondern wo nach außerhalb der Verfassung liegenden Kriterien bloßer Zweckmäßigkeit und politisch-sozialer Wünschbarkeit die

Entscheidung getroffen wird«. Menger schließt seinen Beitrag über das verfassungsgerichtliche Urteil zu § 218 mit dem Wunsch, dass »diese Kompetenzanmaßung bei zukünftigen Entscheidungen unterbleibt und das Verfassungsgericht seine Verpflichtung, das gesetzgeberische Ermessen zu beachten, nicht nur seinen Ausführungen als bloße Formel voranstellt, sondern dass es sich daran hält«.

[Jahn [Marburg] (SPD): Der Aufsatz
ist aber weithin unbekannt geblieben!]

In der Tat! – Die Funktionskraft des Verfassungsgerichts beruht neben anderen Faktoren auf der Beachtung der gesetzlich zugewiesenen Aufgaben. Eine in letzter Zeit zu beachtende Neigung, sichtbar geworden am Hochschulurteil, am Grundvertragsurteil und auch an der Entscheidung zu § 218, diesen Rahmen gleichsam durch eigene, nicht legitimierte Machtvollkommenheit zu erweitern, muss zu Konflikten führen.

[Beifall bei der SPD und der FDP]

Diese können weder dem Verfassungsorgan noch der Struktur unseres Staatswesens insgesamt von Nutzen sein.

[Beifall bei der SPD und der FDP]

Ich wiederhole, dieses Urteil zur Reform des § 218 ist für uns verbindlich und wird ohne alle Abstriche respektiert. Unser Ziel, ungeborenes Leben besser als bisher zu schützen, wurde darum im Rahmen der veränderten Verfassungsrechtslage weiterverfolgt.

Der Gesetzentwurf der sozialliberalen Koalition gründet sich im Wesentlichen auf drei Punkte. Er missbilligt, auch strafrechtlich, den nicht gerechtfertigten Schwangerschafts-abbruch; er gewährt einen wirksamen strafrechtlichen Schutz. Er ist so gesehen eine schon für sich genommen wirksame Bestrafungsregelung. Darüber hinaus sind wir Sozialdemo-kraten überzeugt, dass eine wirksame, lebensschützende Beratung ungeborenes Leben erhalten bleiben kann; denn häufig schätzen schwangere Frauen nur aus Unkenntnis der zwischenmenschlichen, gesellschaftlichen und staatlichen Hilfsangebote ihre Situation falsch ein. In Wirklichkeit gibt es auch heute schon vielfältige Angebote. Beratung kann helfen.

Die Annahme der Angebote sozialstaatlichen Schutzes für das sich entwickelnde Leben durch konkrete einzelfallbezo-gene Beratung für die Schwangere erfolgt nach unserer Über-zeugung eher, wenn Straffreiheit vorgesehen ist. Beratung ist im Übrigen für den straflosen Schwangerschaftsabbruch verbindlich vorgeschrieben. Das Bundesverfassungsgericht macht von der Qualität bestehender Möglichkeiten, das sich entwickelnde Leben zu schützen, abhängig, inwieweit der Gesetzgeber verpflichtet ist, mit den Mitteln des Strafrechts einzugreifen. Es anerkennt also die Abhängigkeit strafrecht-licher Regelung von der Gestaltung anderer außerstrafrechtli-cher Möglichkeiten, ungeborenes Leben wirksam zu schützen.

Dieser Schutz wird im Übrigen wirkungsvoll durch zwei sich teilweise bedingende Maßnahmen gesichert. Zum einen anerkennt der Entwurf, dass nicht jeder beliebige Grund, der eine Frau zum Schwangerschaftsabbruch veranlassen mag, vor dem Gesetz Bestand haben kann. Er beschreibt die Grün-de, die einen Abbruch rechtfertigen. Die Bestimmung des § 218 a enthält keine soziale Indikation im üblichen Sinne, sondern diese Art der Indikation kann eher mit dem Begriff ›sozialmedizinische Indikation‹ umschrieben werden. Dieser Tatbestand stellt unter Berücksichtigung der gegenwärtigen und der zukünftigen Lebensverhältnisse der Frau auf die Gefahr einer schwerwiegenden Beeinträchtigung des körperlichen oder seelischen Gesundheitszustandes der Schwangeren ab, benennt jedoch nicht abschließend alle denkbaren Fälle einer solchen Gefahr. Bei den in § 218 a umschriebenen Konfliktlagen handelt es sich insgesamt um derart belastende Umstände, dass die Fortsetzung der Schwangerschaft nicht verlangt werden kann.

Das Bundesverfassungsgericht hat, bezogen auf eine Indikation der allgemeinen Notlage, ausgeführt, dass die Schwere des hier vorauszusetzenden sozialen Konflikts deutlich erkennbar wird und, unter dem Gesichtspunkt der Unzumutbarkeit betrachtet, die Kongruenz dieser Indikation mit den anderen Indikationsfällen gewahrt bleibt. Dieser Anforderung wird die sozialmedizinische Indikation mit allen ihren drei gesetzlich umschriebenen Unterfällen gerecht.

Ein Letztes: Der Entwurf der Koalitionsfraktionen beachtet peinlich genau, dass die Voraussetzungen einer Indikationenlage nur von einem Arzt festgestellt werden dürfen, der den Eingriff nicht vornimmt. Demzufolge macht sich der operierende Arzt nach der Neuregelung auch strafbar, wenn eine Indikationenlage besteht, er aber den vorgeschriebenen Verfahrensweg nicht beachtet hat. Diese Bestimmung steht auch im Zusammenhang mit einer Vorschrift der Reichsversicherungsordnung in der Fassung des Strafrechtsreformergänzungsgesetzes vom 28. August 1975. Danach gehören die ärztliche Untersuchung und Begutachtung zur Feststellung der Voraussetzungen für einen legalen Schwangerschaftsabbruch zu den kassenärztlichen Arztleistungen, deren Ausübung einem Arzt nur dann untersagt werden kann, wenn er die ihm obliegenden Pflichten zur gewissenhaften Prüfung der Indikation verletzt hat. Die hier vorgesehene Regelung stellt sicher, dass jede Schwangere sich an den Arzt ihres Vertrauens wenden, also den legalen Weg gehen kann. Das ist außerordentlich wichtig; so wird wirksam verhindert, dass wir mit dem ungerechten und inhumanen Zustand weiterleben müssen, dass Verurteilungen nach § 218 als Zufallsbestrafungen angesehen werden und immer nur die ohnehin sozial Benachteiligten treffen.

Die Bedenken, die gegen die angestrebte Form der Beratung geltend gemacht wurden, erscheinen nicht durchschlagend. Das Bundesverfassungsgericht hat mit seinem Urteil zum 5. Strafrechtsreformgesetz angeordnet, dass die dort vorgesehene Sozialberatung durch einen Arzt vorgenommen werden kann. Es ist kaum anzunehmen, dass das Bundesverfassungsgericht eine gesetzliche Regelung anordnet, die es selbst für verfassungswidrig hält.

Meine Damen und Herren, die Koalitionsfraktionen verbinden mit ihrem Entwurf die Überzeugung, dass er den Gründen des Bundesverfassungsgerichtsurteils gerecht wird. Sie sind darüber hinaus sicher, dass der Entwurf den Schutz des werdenden Lebens verbessern, illegale Schwangerschaftsabbrüche verringern und lebenserhaltende Beratung annehmen helfen kann. Die besonders Betroffenen, nämlich die Frauen und die Ärzte, werden die gesetzliche Regelung akzeptieren. Wir sind sicher, dass so ein wesentliches Reformziel erreicht wird.

[Beifall bei der SPD und der FDP]

Die Bedeutung von Friedrich Engels
Rede auf dem Empfang der Stadt Wuppertal

Am 4. Juni 2016 gab die Stadt anlässlich des 80. Geburtstages ihres Ehrenbürgers einen Empfang. Willfried Penner ging in seiner kurzen abschließenden Rede auf den Wuppertaler Friedrich Engels und auf die deutsche Verpflichtung ein, eine Friedenspolitik zu betreiben.

Er haderte mit der Stadt. Mit Barmen und Elberfeld, »diesem Zion der Obskuranten«. Ja, mehr und anders noch. Er offenbarte Abscheu und Verachtung, wenn er als reifer Mann in einem Zeitungsartikel formulierte: »Ganz besonders in Elberfeld-Barmen verfiel die Masse der arbeitenden Bevölkerung dem Trunk.« Scharenweise, Arm in Arm, die ganze Breite der Straße einnehmend, schwankten von 9 Uhr abends an die »besoffenen Männer unter disharmonischem Gejohle von Wirtshaus zu Wirtshaus«.

Wie sollte er es auch anders sehen? Er war Patrizier, er war Kaufmann, er war Textilfabrikant, er war leidenschaftlicher Jäger, er war ein lebensfroher Draufgänger, er liebte kostspielige Frauen und erlesenes Essen: Hummer, französischen Rotwein, aber auch Pils. Warum auch nicht? Er war Mitglied einer der ersten Patrizierfamilien im Tal. Aber das macht Friedrich Engels – um den handelt es sich ja – nicht allein aus.

Wie kaum ein Zweiter erkannte und schilderte er die grauenhaften Umstände dieser Zeit, die bittere Armut der Bevölkerung, die Chancenlosigkeit, etwas zum Besseren zu verändern, die Drecksquartiere und so weiter. Engels – insofern ganz bergisch – verlor sich nicht in Reflexionen über die Armut an sich und als solche unter besonderer Berücksichtigung des eigenen Ichs. Er blieb bei den Fakten, und die waren bitter und Herausforderung genug. Er wurde zum politischen Schriftsteller von Rang, auch zum Politiker und zum intellektuellen Gefährten, hier auch materiellen Unterstützer von Karl Marx. Er wurde, wie man heute sagen würde, zum Weltstar.

Im Umgang mit dem Andenken an diesen großen Wuppertaler waren wir nicht souverän, manchmal sogar unbeholfen. Gewiss, da ist die Friedrich-Engels-Allee. Ja, das Engelshaus, der Unterstützerverein und, na ja, die Engelsskulptur. Aber da ist auch manches kleinlich, sogar engstirnig. Da wurde die Anpflanzung des Rotdornbaums vor dem Engelshaus nach dem Urteil eines damals prominenten Stadtpolitikers zum Beweis für die ungenierten Machtgelüste der Roten in unserer Stadt. Na ja, so sind wir eben.

2020 ist der 200. Geburtstag von Friedrich Engels. Das wäre doch was: ein wissenschaftlicher Kongress zu seinen Ehren mit den besten Köpfen aus aller Welt wäre nicht verkehrt. Ein nach ihm zu benennender Lehrstuhl für Weltökonomie fiele mir ein; im Zeitalter immer aggressiverer Globalisierung eigentlich ein »Muss«. Was den Namen Engels angeht, so sei den Zaghaften und Zweifelnden gesagt: Friedrich Engels sen., der Vater Friedrich Engels, ist auch der Urgroßonkel von Erich und Jörg Mittelsten Scheid.

Ein Staat muss Sorge dafür tragen – auch um seiner selbst willen –, dass es einigermaßen gerecht zugeht. Darum müssen wir uns verstärkt kümmern; die Kluft zwischen Arm und Reich wird immer tiefer, das Thema Generationengerechtigkeit ist da und nicht etwa eine Übertreibung politischen Feuilletons, um nur Beispiele zu benennen. Gewiss, das Ziel sozialer Gerechtigkeit mag unerreichbar bleiben; kein Anlass aber, dieses Ziel aufzugeben. Ganz im Gegenteil, dauernde Bemühung muss das Ziel bleiben.

Über allem aber steht die Erfahrung, dass ohne Frieden alles nichts ist. Meine Generation hat es erfahren, was Krieg ist und Frieden sein kann. Der Luftkrieg um Wuppertal vor mittlerweile mehr als 70 Jahren ist mir in frischer und furchtbarer Erinnerung mit den Toten und Verletzten, den Bomben und Bränden. Umso dankbarer bin ich für die Zeit danach, die bis heute auch Frieden bedeutet.

Die Reden haben mir gefallen – ich hätte noch länger zuhören können. Könnte interessant sein, bei seiner eigenen Trauerfeier zugegen zu sein.

Wuppertals Oberbürgermeister Peter Jung verleiht Willfried Penner den Ehrenbürgerbrief

Wuppertals Ehrenbürger: Ein Überblick

Am 7. März 2005 verlieh Oberbürgermeister Peter Jung die Ehrenbürgerwürde an Dr. Willfried Penner. Ehrengäste waren der damalige Bundesverteidigungsminister Dr. Peter Struck, der ehemalige Bundestags-Vizepräsident Dr. Burkhard Hirsch, der Befehlshaber des Heereskommandos in Koblenz, Generalleutnant Axel Bürgener, und – ebenfalls Ehrenbürgerin der Stadt – die Altoberbürgermeisterin Ursula Kraus.

Mit der Verleihung der Ehrenbürgerwürde hat die Stadt nach 1945 insgesamt lediglich 14 Persönlichkeiten wegen ihrer Verdienste um Wuppertal ausgezeichnet. Die folgenden Angaben sind im Wesentlichen der Homepage der Stadt Wuppertal entnommen.

Diese höchste Auszeichnung der Stadt ist mit keinerlei Rechten und Pflichten verbunden und schon gar nicht mit irgendwelchen Vorteilen oder Privilegien. »Noch nicht einmal am vierten Advent kann man als Ehrenbürger kostenlos den Zoo besuchen«, scherzte Johannes Rau, Ehrenbürger seit 1991, in einer launigen Ansprache bei der Verleihung des Ehrenbürgerrechts an Alt-Oberbürgermeister Gottfried Gurland Ende Januar 1998 im Barmer Rathaus.

Der erste im Bunde war der international bedeutende Bakteriologe und Nobelpreisträger für Medizin und Physiologie Prof. Dr. Gerhard Domagk. Den 1939 zuerkannten Nobelpreis konnte der Bayer-Forscher aufgrund eines Hitler-Verdikts erst 1947 in Stockholm entgegennehmen. Am 15. Januar 1951 wurde dem aus der Mark Brandenburg stammenden Wahl-Wuppertaler durch Oberbürgermeister Robert Daum der Ehrenbürgerbrief überreicht.

Am 9. November 1952 folgte als zweiter Ehrenbürger der Bankier und Kunstsammler Eduard von der Heydt.

Nach langer Pause zeichnete der Rat am 14. April 1980 Alt-Oberbürgermeister Hermann Herberts aus Anlass seines 80. Geburtstages mit der Ehrenbürgerwürde aus. Als Oberbürgermeister in den Jahren 1956 bis 1961 und wiederum von 1964 bis 1969 hatte sich Herberts vor allem um den Wiederaufbau und die weitere Entwicklung der Stadt verdient gemacht.

Für seine vielfältigen Verdienste um Wuppertal – hervorgehoben wurde in der Laudatio vor allem die Gründung der Bergischen Universität – wurde Johannes Rau am 28. Januar 1991 mit der Ehrenbürgerschaft ausgezeichnet. Rau hatte als Wuppertaler Ratsmitglied, im Amt des Oberbürgermeisters, als langjähriger Ministerpräsident in Nordrhein-Westfalen und auch im Amt des Bundespräsidenten, das er von 1999 bis 2004 ausübte, stets eine enge Bindung an seine Heimatstadt Wuppertal. So kam er als Bundespräsident gemeinsam mit dem israelischen Staatspräsidenten Moshe Katsav zur Eröffnung der Bergischen Synagoge nach Wuppertal. Johannes Rau starb am 27. Januar 2006 im Alter von 75 Jahren in Berlin.

Schließlich folgte am 18. Juni 1993 der frühere Bürgermeister Kurt Drees. Seit 1997 trug er die vom Rat verliehene Ehrenbezeichnung Altbürgermeister. Drees verstarb am 18. Januar 1998.

Ebenfalls aus Anlass seines 80. Geburtstags erhielt am 27. Januar 1998 Alt-Oberbürgermeister Gottfried Gurland diese hohe Auszeichnung. Gottfried Gurland war mit 14 Jahren Amtszeit der dienstälteste Oberbürgermeister in der 70-jährigen Stadtgeschichte. Gurland verstarb am 31. Oktober 2002 im Alter von 84 Jahren.

Als erster Frau wurde schließlich am 16. Dezember 1998 Ruth Kolb-Lünemann, die von 1952 bis 1994 dem Rat der

Stadt angehörte, das Ehrenbürgerrecht zuerkannt. Sie über-
lebte diese hohe Ehrung nur um ein halbes Jahr.

Am 28. August 2000 wurde Oberbürgermeisterin a. D.
Ursula Kraus zur Ehrenbürgerin Wuppertals gewählt. Sie war
Mitglied der SPD-Fraktion des Rates von 1984 bis 1999 und
Mitglied des nordrhein-westfälischen Landtags von 1980 bis
1996. Als Nachfolgerin von Gottfried Gurland wurde sie 1984
zur Oberbürgermeisterin gewählt. Sie bekleidete dieses Amt
bis 1996.

Oberbürgermeister Dr. Hans Kremendahl überreichte am
3. Dezember 2001 den Ehrenbürgerbrief an den Wuppertaler
Unternehmer Dr. Jörg Mittelsten Scheid. Der persönlich
haftende Gesellschafter der Firma Vorwerk & Co. war von
1985 bis 1997 Präsident der IHK Wuppertal-Solingen-Rem-
scheid und langjährig Präsident von Eurochambres, des Dach-
verbandes der Industrie- und Handelskammern Europas.

»Ich lebe gern in dieser Stadt. Sie ist meine Stadt geworden, denn sie ist eine Alltagsstadt, keine Sonntagsstadt. Das
ist wichtig für unsere Arbeit.« So beschrieb am 27. April 2008
die Choreographin Pina Bausch »ihre« Stadt, als Oberbürgermeister Peter Jung sie zur Ehrenbürgerin Wuppertals machte.
Pina Bausch hat mit ihrem Tanztheater etwas ganz Neues geschaffen und den Namen Wuppertal in die ganze Welt getragen. Sie starb am 30. Juni 2009 in Wuppertal.

Lore Jackstädt erhielt am 10. Juni 2010 die Ehrenbürgerurkunde von Oberbürgermeister Peter Jung. Sie hat sich mit
der Dr.-Werner-Jackstädt-Stiftung um die Stadt verdient gemacht. Gründer der Stiftung war ihr Mann. Nach seinem Tod
hat Lore Jackstädt die Verantwortung für die Stiftung übernommen. Mit ihrer großzügigen Unterstützung können viele
kulturelle und soziale Projekte finanziert werden, die ohne
diese Förderung nicht umsetzbar gewesen wären. Lore Jackstädt starb am 31. Januar 2019 im Alter von 94 Jahren.

»Der beste Ort zu leben ist da, wo es uns gelingt, das Beste aus uns zu machen. Hier gelingt das.« Mit einem Bekenntnis zu Wuppertal dankte Tony Cragg der Stadt, die ihm am 28. März 2014 die Ehrenbürgerschaft verlieh. Tony Cragg wurde 1949 in Liverpool geboren. 1977 kam er nach Wuppertal. Wuppertal bereichert Cragg nicht nur mit seinen Kunstwerken, die das Stadtbild an vielen Stellen prägen. Vor allem der Skulpturenpark Waldfrieden, den Tony Cragg eingerichtet und zum fünfjährigen Bestehen bereits erweitert hat, ist zu einem Anziehungspunkt längst überregionaler und internationaler Besucher geworden.

Oberbürgermeister Andreas Mucke überreichte am 15. August 2020 die Ehrenbürgerurkunde an Prof. Dr. h. c. Ernst-Andreas Ziegler, den er in seiner Laudatio als »Menschenfreund, Journalist, Autor, Stratege, Querdenker mit langem Atem – ein Langstreckenläufer, Vernetzer, Brückenbauer, Moderator, Gestalter, Visionär und Multitalent« würdigte. »EAZ« war maßgeblich am Aufbau und an der Pflege der Wuppertaler Städtepartnerschaften beteiligt und hat mit seinem Wirken den Begriff »kommunale Außenpolitik« geprägt. Mit dem Leuchtturmprojekt »Junior Uni – Forscherplattform für das Bergische Land« hat er eine einzigartige Bildungseinrichtung für Kinder und Jugendliche geschaffen, deren Strahlkraft weit über das Bergische Land hinausgeht.

Aus einem Bericht des Wehrbeauftragten

Jährlich erstattet der Wehrbeauftragte des Deutschen Bundestages dem Parlament Bericht. Regelmäßig enthielten die Berichte ein Kapitel über Versuche der NPD und anderer rechtsradikaler Parteien und Netzwerke, Einfluss in der Bundeswehr zu bekommen. Wir dokumentieren an dieser Stelle einen Abschnitt aus dem »Jahresbericht 2000 des Wehrbeauftragten« (Bundestagsdrucksache 14/5400), der sich mit diesem Thema beschäftigt. »Bundeswehr in der demokratischen Gesellschaft« lautet Punkt 2 des Berichts, in dem es auch um Fragen der Gleichberechtigung der Geschlechter geht.

Bundeswehr in der demokratischen Gesellschaft

Die Bundeswehr ist seit einem Jahrzehnt einem ständigen Wandel ausgesetzt. Sie wird strukturell den sich verändernden Rahmenbedingungen und den neu hinzukommenden Aufgaben angepasst. Ihr Auftrag ist einsatzorientierter geworden. Gesellschaftliche Veränderungen und Werteverschiebungen werden durch die Wehrpflichtigen und die jungen Zeitsoldaten in die Truppe hineingetragen. Der soldatische Pflichtenrahmen ist eingefügt in die freiheitliche demokratische Grundordnung der Bundesrepublik Deutschland. Es ist ständige Aufgabe der Politik, aber auch der Soldaten selbst, an der Verankerung unserer Streitkräfte in der Gesellschaft, an ihrem Selbstverständnis und an ihrer Akzeptanz zu arbeiten.

Soldaten sind Staatsbürger in Uniform. Ihnen sind Hilfestellungen beim Umgang mit den zahlreichen Veränderungen zu geben. Mit den neuen Aufträgen und den gesamtgesellschaftlichen Prozessen wird sich das Prinzip der Inneren Führung als Klammer zwischen Bundeswehr und Gesellschaft fortentwickeln müssen. Der politische Auftrag der Streitkräfte muss eindeutig sein und jedem Soldaten Orientierung für sein Handeln im Einsatz geben. Die Verwirklichung wesentlicher staatlicher und gesellschaftlicher Werte und Normen in den Streitkräften ist Grundlage für die demokratische Armee und den selbständig handelnden, sich an einem ethischen Wertegerüst orientierenden Soldaten. Die Streitkräfte unterliegen der uneingeschränkten Kontrolle durch das Parlament. Ethische Maßstäbe, historisch-politische Bildung, professionelle Ausbildung und zeitgemäße Menschenführung müssen ohne Einschränkung jederzeit die prägenden Merkmale des Staatsbürgers in Uniform bleiben.

- **Entwicklung von Fremdenfeindlichkeit und Rechtsextremismus in der Bundeswehr im Jahr 2000**

Im Sommer 2000 bestimmten Meldungen über rechtsextremistisch, rassistisch und antisemitisch motivierte Straftaten die Medienberichterstattung in Deutschland. Rechtsextremismus und Fremdenfeindlichkeit sind nichtvorübergehende Krisenerscheinungen, sondern anhaltende, aus der Gesellschaft kommende Gefahren. Das Potenzial der vom Bundesamt für Verfassungsschutz als gewaltbereit eingestuften Rechtsextremisten hat sich zwischen den Jahren 1991 und 1999 mehr als verdoppelt. Die Bundeswehr ist von diesen Entwicklungen nicht unberührt geblieben. Sie ist eine offene Armee mit ständiger personeller Fluktuation. Ihre Angehörigen kommen als wehrpflichtige Grundwehrdienstleistende, freiwilligen zusätzlichen Wehrdienst Leistende oder länger dienende Zeit- und Berufssoldaten aus der Gesellschaft selbst. Dementsprechend wirken sich Veränderungen und politische Strömungen in der Gesellschaft auch in den Streitkräften aus. Vorfälle mit rechtsextremistischem oder fremdenfeindlichem Hintergrund sind in der Bundeswehr als »Besondere Vorkommnisse« mit Angaben über den Inhalt der Beobachtung und tatverdächtige Personen zu melden.

Von diesen Meldungen erhalte ich durch das Bundesministerium der Verteidigung Kenntnis und beobachte von Amtswegen die weiteren Ermittlungen zum Tathergang und gegebenenfalls die disziplinare oder strafrechtliche Würdigung. Die Anzahl der in der Bundeswehr im Jahr 2000 gemeldeten »Besonderen Vorkommnisse« mit Verdacht auf rechtsextremistischen oder fremdenfeindlichen Hintergrund ist gegenüber dem Vorjahr angestiegen.

Im Berichtsjahr sind mir 196 einschlägige Vorkommnisse übermittelt worden. Im Jahr 1999 waren es 135 Vorfälle, während im Jahr 1998 insgesamt 319 »Besondere Vorkommnisse« dieser Art gemeldet worden waren. Wie bereits in den Jahren zuvor handelt es sich bei dem überwiegenden Teil dieser Verdachtsmeldungen – in insgesamt 185 Fällen – um so genannte Propagandadelikte. Die einzelnen Tatumstände sind sehr unterschiedlich und ergeben kein einheitliches Bild von Taten und Tätern.

Eine Reihe der Fälle war von Gewaltanwendung und einer eindeutig rechtsextremistischen Grundhaltung der betreffenden Soldaten geprägt. Bei anderen Taten hat erheblicher Alkoholkonsum der Täter eine Rolle gespielt. Möglicherweise haben in einigen Fällen die Täter etwa durch das Zeigen des »Hitler-Grußes« ausschließlich provozieren wollen. Mitunter war solches Verhalten nicht eindeutig durch eine rechtsradikale Gesinnung geprägt, sondern war eher durch politisch-historische Unwissenheit, naives Schwadronieren und jugendtypische Entgleisung der durchweg jungen Täter gekennzeichnet.

Vorgesetzte sind in der Beurteilung und disziplinaren Würdigung solcher Vorkommnisse sicherer geworden. Einige weitere Feststellungen gehören zur Vollständigkeit der Berichterstattung: Die in Teilen der jungen Generation gestiegene Akzeptanz rechtsextremistischer Lieder in moderner musikalischer Verpackung und die Schamlosigkeit einschlägiger Liedtexte erfordern konsequentes Handeln gegenüber den Tätern. In solchen Fällen besteht Anlass, deren Verfassungstreue in Zweifel zu ziehen.

Deshalb ist es geboten, solchen Vorkommnissen innerhalb der Bundeswehr erhöhte Aufmerksamkeit zu widmen und ihnen gezielt nachzugehen. Überdurchschnittliche fachliche Fähigkeiten dürfen in diesem Zusammenhang nicht zu einer milderen disziplinaren Würdigung führen. Ein tüchtiger Soldat kann nur sein, wer Abstand zu jeder politisch radikalen Einstellung hält. Bei den in den »Besonderen Vorkommnissen« als Tatverdächtige genannten Personen handelt es sich zu etwa 81 Prozent um Grundwehrdienstleistende oder freiwilligen zusätzlichen Wehrdienst Leistende, also um einen jungen Personenkreis. Der Anteil der überführten oder tatverdächtigen Soldaten in der Dienstgradgruppe der Mannschaften lag im Berichtsjahr bei rund 90 Prozent.

Aus der Dienstgradgruppe der Unteroffiziere wurden 19 Personen, aus der Dienstgradgruppe der Offiziere zwei Personen in einschlägigen »Besonderen Vorkommnissen« als Tatverdächtige genannt. Das Gefährdungspotenzial für die Bundeswehr durch rechtsextremistische und fremdenfeindliche Einflüsse ist klar erkennbar: Im Umgang mit dem Rechtsextremismus steht die Bundeswehr als ein, wenn nicht als der Machtfaktor im Staat in einer besonderen Verantwortung. Militär, Uniformen, Waffen und strenge Führungsstrukturen haben auf Rechtsextremisten besondere Anziehungskraft. Sie wollen die Streitkräfte im Sinne »nationaler Positionen« beeinflussen und haben Interesse am Erwerb von Kenntnissen im Umgang mit Waffen.

Fremdenfeindlichkeit und Rechtsextremismus zersetzen den inneren Zusammenhalt der Truppe. Die Bundeswehr wird sich zu einer Armee entwickeln, in der in den kommenden Jahren viele Grundwehrdienstleistende ausländischer Herkunft sein werden. Die Bundeswehr leistet im Ausland humanitäre Hilfe und vermittelt in friedensschaffenden und friedenserhaltenden Einsätzen zwischen Konfliktparteien, die auch um ethnische Positionen streiten. Ansätze rechtsextremistischen Gedankengutes bei einzelnen Soldaten sind mit dem Auftrag der Bundeswehr unvereinbar.

Auf der Grundlage der Feststellungen des Verteidigungsausschusses des Deutschen Bundestages als Untersuchungsausschuss im Jahr 1998 hat das Bundesministerium der Verteidigung ein weiterhin gültiges Konzept zur Abwehr solcher Einflüsse entwickelt. Danach sollen erkannte Gewalttäter und Funktionäre rechtsextremistischer Organisationen von der Bundeswehr ferngehalten werden, Mitläufer sollen durch Aufklärung, Erziehung und Disziplinarmaßnahmen vor Irrwegen bewahrt werden, und alle Soldaten sollen durch die Ausbildung im rechtsstaatlichen Bewusstsein gefestigt werden.

Die Vorgesetzten in der Bundeswehr gehen mit einem hohen Maß an Wachsamkeit Vorfällen konsequent nach, ahnden festgestelltes Fehlverhalten mit den Möglichkeiten des Disziplinar- und Soldatenrechts bis hin zur Entlassung und führen es strafrechtlicher Verfolgung zu. Der Anstieg der gemeldeten »Besonderen Vorkommnisse« belegt den in die Bundeswehr hineinreichenden gesellschaftlichen Einfluss und erfordert Wachsamkeit auch in Zukunft. Die zentrale Vorsorge gegen Rechtsextremismus in der Bundeswehr bleibt eine werteorientierte Erziehung der Soldaten, in deren Mittelpunkt die Achtung der Menschenwürde und das Gebot der Toleranz stehen.

Sie richtet sich zu Recht gegen aggressives Kämpfertum, Führerprinzip und elitären Korpsgeist. Dabei spielen neben einem modernen eigenen Traditionsverständnis der Bundeswehr die politische Bildung, die Menschenführung und die helfende Dienstaufsicht eine unverzichtbare Rolle. Diesen Gesichtspunkten ist auch künftig besondere Aufmerksamkeit zu widmen.

• **Soldaten als Staatsbürger in Uniform**

Soldaten der Bundeswehr stehen für Freiheit, Gerechtigkeit und Achtung der Menschenwürde. In der Eides- und der Gelöbnisformel wird dieses Selbstverständnis deutlich.

Eigene Tradition und politische Bildung

Die Bundeswehr konnte in der Vergangenheit auf der Basis ihres Auftrags und ihres Selbstverständnisses Grundlagen für eine eigene Tradition entwickeln, die sich in der Ausbildung, in den Führungsgrundsätzen und im Berufsverständnis ihrer Soldaten niederschlagen. Maßgeblich für diese Tradition ist, dass die klassischen soldatischen Werte ihre sittliche Bedeutung erst durch die Bindung an das Grundgesetz erlangen können. Der Auftrag der Bundeswehr bietet keinen Raum für »Landser-Romantik« und lässt militärisch-handwerkliches Können ohne gleichzeitige Integration in das Wertegerüst unserer Verfassung nicht zu.

Politische Bildung ist für die Streitkräfte gesetzlicher Auftrag. § 33 Absatz 1 Satz 1 Soldatengesetz legt fest: »Die Soldaten erhalten staatsbürgerlichen und völkerrechtlichen Unterricht.« Politische Bildung hat weltanschaulich neutral zu sein und hilft den Soldaten beim Verständnis ihrer Aufgaben wie bei der Einordnung politischer Zusammenhänge. Sie hat das Ziel, Notwendigkeit und Sinn, Möglichkeiten und Grenzen staatlicher Gewaltanwendung herauszuarbeiten.

So soll sie dem Soldaten ermöglichen, sich und sein Handeln in das Spannungsfeld zwischen militärischem Einsatz und dem verfassungsgestützten Verbot, andere Menschen zu verletzen oder zu töten, einzuordnen. Politische Bildung in der Bundeswehr kann nicht Versäumnisse der elterlichen Erziehung, der Schule und der Gesellschaft ausgleichen. Sie kann aber helfen, durch die Darstellung von Fakten, Zusammenhängen und Werteninnerhalb der soldatischen Gemeinschaft Regeln des Zusammenlebens und des Umgangs miteinander sowie Anstand und Fairness zu vermitteln.

Im Hinblick auf die Dauer ihrer Dienstzeit hat die politische Bildung von Zeit-und Berufssoldaten ein großes Gewicht. Faktenwissen und das Verstehen von Zusammenhängen können nicht allein durch Unterricht vermittelt werden. Der Weiterbildung außerhalb der Kaserne, dem Besuch von Ausstellungen, dem Hören von Zeitzeugen, dem egenen Erleben von Politik und Geschichte kommen didaktisch besondere Bedeutung zu. Der Entwurf einer Neufassung der Zentralen Dienstvorschrift 12/1 »Politische Bildung in der Bundeswehr« enthält dazu Ergänzungen und Anregungen. Den Disziplinarvorgesetzten, vor allem den Kompaniechefs, deren Dienst mit einer Vielzahl von Aufgaben überfrachtet ist, muss auch Gelegenheit gegeben werden, die notwendige Zeit und Sorgfalt in die politische Bildung zu investieren.

Geeignete Maßnahmen zur Überwindung dieses Defizits enthält der Entwurf der Vorschrift, deren Veröffentlichung bereits für Sommer 2000 angekündigt war, nicht. Die Vorgesetzten, die politische Bildung in der Truppe vermitteln, sollten in der Auseinandersetzung mit Gewalt, Hass und Fremdenfeindlichkeit auf überzeugende Menschenführung und helfende Dienstaufsicht setzen.

Streitkräfteinternes Informationsangebot zur politischen Bildung

Das streitkräfteinterne Informationsangebot an die Soldaten hat sich in der zweiten Jahreshälfte 2000 grundlegend zu ändern begonnen. Während die Printmedien zur Bildung und Ausbildung in der Truppe zum Jahresende 2000 bis auf die Periodika »bundeswehr aktuell« und »Informationen für die Truppe« sowie ein neues teilstreitkräfteübergreifendes Magazin eingestellt wurden, hat das verfügbare Angebot im Bundeswehr-Intranet zugenommen.

Es ist inzwischen fast flächendeckend in den Einheiten verfügbar. Damit ist ein wichtiger Schritt zu einer modernen Informationsvermittlung in der Truppe vollzogen, auch wenn mehr Zugänge für die Soldaten zum Intranet und zum Internet geschaffen werden müssen. Die Einstellung wichtiger Printmedien birgt allerdings die Gefahr der Verengung der Informationsbreite, die den Soldaten künftig bei der Vorbereitung von Fachunterricht und in der politischen Bildung zur Verfügung steht.

Wahrnehmung kommunaler Mandate

Parlament und politische Führung der Bundeswehr haben in der Vergangenheit gesellschaftliches Engagement von Soldaten im Sinne des Leitbildes vom Staatsbürger in Uniform stets begrüßt. Dazu zählt auch die Wahrnehmung von Wahlmandaten in kommunalen Vertretungskörperschaften. Im Berichtsjahr hat das Parlament § 25 Absatz 3 Soldatengesetz geändert, der Soldaten als Mitgliedern einer kommunalen Vertretung und entsprechender Gremien den zur Mandatswahrnehmung erforderlichen Urlaub gewährt. Von der ursprünglich beabsichtigten Änderung auch der einschlägigen beamtenrechtlichen Vorschriften in § 89 Absatz 3 Bundes-beamtengesetz hat das Parlament abgesehen.

Anlass für die Gesetzesänderung war eine Entscheidung des Bundesverwaltungsgerichts aus dem Jahr 1995. Danach bedarf die Einschränkung der Mandatsausübung einer gesetzlichen Ermächtigungsgrundlage. Die Gewährung dieses Urlaubs ist jetzt in das Ermessen des Dienstherrn gestellt, der seine Interessen gegenüber den Interessen der kommunalen Selbstverwaltung abzuwägen hat. Mehrere Soldaten kritisierten, dass die Neuregelung die Ausübung ihres kommunalen Mandates in unzulässiger Weise einschränke. Dem gegenüber steht: Die Ermessensentscheidung nach der neugefassten Vorschrift bleibt dem Minister selbst vorbehalten.

Im Übrigen muss das Demokratieprinzip beachtet werden; die aus freien Wahlen hervorgegangene Mitgliedschaft eines Soldaten in einer kommunalen Vertretungskörperschaft wird eine Einzelfallentscheidung zugunsten der Bedürfnisse des Dienstherrn nur bei evident überwiegenden Interessen erlauben. Die Entscheidungspraxis wird aufmerksam verfolgt.

- **Umsetzung des Soldatenbeteiligungsgesetzes**

Im Berichtsjahr gab es in mehreren Fällen Defizite bei der Anwendung des Soldatenbeteiligungsgesetzes. Häufig hat sich bei der Bearbeitung von Eingaben herausgestellt, dass die gesetzlich vorgeschriebene Beteiligung unterblieben war. So konnten beispielsweise mangels Anhörung der Vertrauenspersonen Entlassungen nach § 55 Absatz 5 Soldatengesetz nicht wirksam werden. Auch wurden Disziplinarmaßnahmen ohne die vorgeschriebene Anhörung der Vertrauenspersonen verhängt. Bei Tagungen mit Vertrauenspersonen schilderten mehr als zwei Drittel der Teilnehmer, dass sie nach ihrer Wahl nicht die gesetzlich vorgeschriebene Einweisung durch ihre Disziplinarvorgesetzten erhalten hätten und ihnen auch die vorgeschriebenen Unterlagen nicht ausgehändigt worden seien.

Ein zur Vertrauensperson gewählter Hauptmann schilderte, er sei nach einwöchiger Amtszeit von seinem Disziplinarvorgesetzten angewiesen worden, sich mit seinen Aufgaben als Vertrauensperson vertraut zu machen und ihm sodann darüber vorzutragen. In einem anderen Fall war eine Vertrauensperson an einer die Sportausbildung der Kompanie betreffenden Dienstplanänderung nicht beteiligt worden. Der daraufhin angesprochene Kompaniefeldwebel wies die Vertrauensperson mit der Bemerkung ab: »Raus, ich habe keine Zeit«.

Das Soldatenbeteiligungsgesetz ist gegenüber dem Betriebsverfassungsgesetz wie gegenüber dem Personalvertretungsrecht im öffentlichen Dienst eine dem militärischen Dienstbetrieb angepasste Beteiligungsform für Soldaten. Mittlerweile bestehen zehnjährige Erfahrungen der Truppe im Umgang mit der Gesetzesmaterie. Die bekannt gewordenen Versäumnisse sind nicht zu verstehen. Gerade angesichts bevorstehender umfangreicher Veränderungen in den Streitkräften, die viele Soldaten unmittelbar berühren werden, ist die Einbeziehung von Vertrauenspersonen besonders wichtig. Sie liegt stets auch im Interesse der Vorgesetzten und der Führung der Bundeswehr.

- **Weibliche Soldaten in der Truppe**

Bis zum Ende des Berichtsjahres war Frauen ein freiwilliger Dienst nur im Sanitätsdienst und im Militärmusikdienst der Bundeswehr möglich. Das ist jetzt anders: Seit Beginn des Jahres 2001 stehen Frauen bei Eignung und Befähigung alle Verwendungen in den Streitkräften offen. Der Gesetzgeber hat die verfassungsrechtliche Sperre des Artikels 12 a Grundgesetz beseitigt und auch die einschlägigen Gesetze und Dienstvorschriften geändert.

Vorangegangen war eine Entscheidung des Europäischen Gerichtshofs, mit der festgestellt worden war, dass die deutschen Bestimmungen, welche Frauen den Zugang zum Waffendienst in der Bundeswehr verbieten, mit der Gleichberechtigungsrichtlinie 76/207 EWG unvereinbar sind. Gelegentliche Bedenken in der Truppe gegenüber dieser Öffnung für weibliche Bewerber werden mit der Zeit an Bedeutung verlieren. Schließlich ist das Miteinander unterschiedlicher Geschlechter im Berufsleben generell, in der Polizei und im Bundesgrenzschutz speziell selbstverständlich geworden.

Die weitere Entwicklung wird sorgfältig beobachtet werden. Manche Besonderheiten werden im Streit bleiben. Noch immer ist die geschlechtsbezogen unterschiedliche Regelung des Schmucktragens und der Haartracht Gegenstand von Eingaben. Während männliche Soldaten mit Ausnahme zweier dezenter Fingerringe, einer Krawattenspange und Manschettenknöpfen keinen sichtbaren Schmuck zur Uniform tragen dürfen, ist es Frauen in der Bundeswehr erlaubt, außerhalb eines militärischen Einsatzes dezenten Schmuck zur Uniform anzulegen. Die Auslegung des unbestimmten Rechtsbegriffs »dezent« wie auch der Hinweis männlicher Petenten auf den Gleichbehandlungsgrundsatz führen immer wieder zu Konflikten zwischen Vorgesetzten und untergebenen Soldaten.

Auch wenn sich die gesellschaftlichen Auffassungen zum Schmucktragen, zu Piercings und der Haartracht bei Männern und Frauen gewandelt haben, ist eine unterschiedliche Behandlung von Männern und Frauen in den Streitkräften zu begründen. Im Einklang mit der Rechtsprechung ordnen die Streitkräfte das »äußere Erscheinungsbild eines Soldaten« als Gradmesser für die Disziplin in der Truppe ein. Dennoch ist bei Entscheidungen Vorgesetzter im Hinblick auf die in der Gesellschaft vorherrschenden Auffassungen Fingerspitzengefühl nötig.

Soweit nicht Sicherheitsgründe oder hygienische Aspekte eine Rolle spielen, sondern das Bild der Bundeswehr in der Öffentlichkeit Grund für einschränkende Regelungen ist, können sich wandelnde gesellschaftliche Einstellungen auf Dauer nicht unberücksichtigt bleiben. Einem weiblichen Feldwebel mit auffällig rot gefärbten Haaren wurde nicht erlaubt, anlässlich eines Beförderungsappells die Truppenfahne zu tragen. Der Zusage, sich die Haare rechtzeitig vor dem Appell umzufärben, vertrauten die Vorgesetzten nicht. Solches Verhalten verstößt gegen die Grundsätze der Inneren Führung. Es ist mit heute geltenden gesellschaftlichen Vorstellungen nicht in Einklang zu bringen.

Bei meinen ersten Truppenbesuchen äußerten sich weibliche Soldaten negativ über den Uniformrock, den sie als unförmig und unmodisch beschrieben.

- **Alkohol und Drogen**

Beobachtungen zum Umgang mit Alkohol und Betäubungsmitteln in der Truppe geben Anlass zu kritischen Anmerkungen. In der Bundeswehr ist wegen des Umgangs mit Waffen und Munition, des Betriebs von Kraftfahrzeugen, vor allem aber im Hinblick auf die Einhaltung der militärischen Ordnung und der Kameradschaft stets ein strenger Maßstab an den Konsum von Alkohol anzulegen. Der Konsum von Drogen hat in der militärischen Ordnung keinen Platz.

Alkohol

Nicht immer haben Soldaten im Berichtsjahr die Grenzen zwischen dem mit Feiern und gemütlichem Beisammensein oftmals verbundenen Alkoholgenuss und dem Missbrauch alkoholischer Getränke beachtet. Dafür zwei Beispiele: Während einer Kompaniefeier kam es zwischen einem unter Alkoholeinfluss stehenden ehemaligen Kompanieangehörigen und einem Oberfeldwebel vor den anwesenden Soldaten und Gästen zu verbalen Streitereien. Ein ebenfalls erheblich alkoholisierter Hauptmann folgte anschließend dem ehemaligen Kompanieangehörigen vor das Gebäude und verlangte eine Erklärung für dessen Verhalten. Dabei kam es zu einer handgreiflichen Auseinandersetzung. Ein Stabsunteroffizier trank im Kreise anderer Unteroffiziere mehrere Flaschen Bier. In erkennbar alkoholisiertem Zustand begab er sich anschließend in die Unterkunft zweier Mannschaftssoldaten, zerrte diese aus dem Bett und schlug ihnen ins Gesicht. Die Soldaten mussten sich ärztlich behandeln lassen.

Drogen

Zahlreiche Meldungen über »Besondere Vorkommnisse« hatten im Jahr 2000 Besitz und Konsum von Drogen im Sinne des Betäubungsmittelgesetzes durch Soldaten zum Gegenstand. Nach 1539 »Besonderen Vorkommnissen« im Jahr 1999 kam es im Jahr 2000 zu 1564 Meldungen. Der überwiegende Teil der Vorkommnisse betraf Grundwehrdienstleistende und junge Mannschaftsdienstgrade. Zumeist handelte es sich um geringe Mengen oder ein erstes Ausprobieren von Drogen.

Im Berichtsjahr sind mir auch Fälle von Drogenmissbrauch durch Vorgesetzte bekannt geworden. Ein Oberfeldwebel nahm mit seinem privaten PKW am Straßenverkehr teil, obwohl er kurz zuvor Cannabisprodukte konsumiert hatte und fahruntüchtig war. Bei einer Verkehrskontrolle räumte er seinen Drogenkonsum ein und händigte den Polizeibeamten die in seinem Besitz befindliche geringe Restmenge Marihuana aus. Die weiteren Ermittlungen ergaben, dass er über einen längeren Zeitraum gelegentlich außer Dienst Cannabisprodukte konsumiert hatte.

Ein Stabsunteroffizier konsumierte nach einem Kirmesbesuch und erheblichem Alkoholgenuss sechs Haschisch-Joints. Darüber hinaus konnte ihm die Einnahme von Kokain nachgewiesen werden, ohne dass er sich an diese erinnern konnte.

Ein leicht alkoholisierter Leutnant wurde vor einer Diskothek von einer Polizeistreife angetroffen, als er gemeinsam mit einem Bekannten einen zuvor erworbenen Haschisch-Joint in dessen Fahrzeug mitrauchte. Zudem wurde bei ihm eine geringe Menge Marihuana gefunden. Ein Stabsunteroffizier, der in Begleitung von zwei weiteren Personen auf der Heimreise aus den Niederlanden war, wurde an einer Autobahntankstelle einer Polizeikontrolle unterzogen. Dabei wurde bei ihm ein Päckchen Marihuana sichergestellt. Ein weiteres Päckchen Haschisch wurde bei der Durchsuchung des PKW gefunden. Die Ermittlungen ergaben, dass der Stabsunteroffizier zumindest in einem Fall einen Joint mitgeraucht hatte. Der Soldat war bereits zuvor wegen Führens eines Kraftfahrzeuges unter Alkoholeinfluss strafrechtlich in Erscheinung getreten.

In diesen Fällen ist es zu angemessenen Sanktionen gekommen, in zwei Fällen auch zu fristlosen Entlassungen.

Hilfe bei Suchtproblemen

Die in den Vorberichten erwähnten Möglichkeiten der dienstlich veranlassten Hilfe sind weiterhin vorhanden. Fraglich ist, ob sie hinreichend genutzt werden. Soldaten und zivile Angehörige der Bundeswehr sowie Militärgeistliche haben in

einer Eigeninitiative die Arbeitsgemeinschaft »Soldatenselbsthilfe gegen Sucht« gegründet. Ihr Ziel ist, durch Früh-
erkennung, Erstintervention, Beratung und Versorgung Ge-
fährdeten und Betroffenen zu helfen und durch Nachsorge
Rückfällen entgegenzuwirken. Die Soldatenselbsthilfe stellt
sich als Ansprechpartnerin in Suchtfragen Soldaten aller
Dienstgrade zur Verfügung.

Eine bundesweite Vernetzung der Initiative und die Einrichtung einer einheitlichen Rufnummer sind geplant. Die
Arbeit dieser Initiative ist ausdrücklich zu begrüßen.

Die Fußballmannschaft des Deutschen Bundestags; ganz rechts Wilfried Penner

130

»Dönekes« von Willfried Penner
Persönliches und Politisches

Ein Samstag vor der Wahl 1972, Anruf von Kleingärtnern: »Stimmt es etwa, dass im Falle eines Wahlsieges der SPD am Montag der Enteignungskommissar erscheint?« – Es ging damals sehr politisch zu, aber die Stimmung war auch sehr aufgeheizt.

Vom Straßenkampf 1972 sind mir besonders Frauen in Erinnerung, die von ihrem Arbeitsplatz in Fabriken oder Büros auf die Straße kamen und uns Wahlkämpfer wissen ließen, sie würden nie den »fiesen« Barzel, der »ihrem« Willy die Kanzlerschaft »stehlen« wolle, wählen. Ja, Willy Brandt und die Frauen. Und der ansonsten tüchtige Barzel wirkte eben »nölig« und »ölig«.

Vom CDU-Mitbewerber Bernd Hahner wird bekannt, dass er eine Zeit lang im Gefolge des wortmächtigen Paters Leppich war. Konsequenz in Barmer »Harmoniensviertel«: Unwählbar, weil Leppich »so unanständige Worte« in den Mund nahm.

Bei einem Wahlkampf fuhr ein prominentes CDU-Mitglied mit Lautsprecherwagen durch Ronsdorf: »Wir brauchen keinen Penner, davon haben wir genug.« Viele Ronsdorfer sahen das anders.

In Ronsdorf wurde ich wohlwollend auf die alttestamentarischen Vornamen meiner Kinder angesprochen. »Wissen Sie«, so hörte ich, »das ist in unserer Familie gut angekommen.« Damals gab es in Ronsdorf noch Familien wie Halbach und Monhof, bei denen Vornamen dieser Herkunft, etwa Zacharias, Hesekiel und Sebulon, noch gebräuchlich waren.

Eine Einladung zum Kaffee in Wichlinghausen ist mir besonders erinnerlich. Eine ältere, alleinstehende Frau empfing mich. Erster Stock in einem Haus, das auch schon in die Jahre gekommen war. »Herr Penner, setzen Sie sich erstmal hin! Ich hab' Kaffee gekocht, und Kuchen vom Konditor habe ich auch.« Und dann erzählte sie von alten Zeiten, vom Krieg, in dem ihr Mann gefallen war, warum Barmen besser als Elberfeld sei und wie sehr sie sich freute, dass jemand ihr mal zuhörte. In der Sache ging es um eine Adoptionsangelegenheit ihrer Nichte, die schon sehr »lange beim Amtsgericht« in Arbeit sei. »Ob ich nicht mal …«, fragte sie. Ich sagte zu. Leider ohne Erfolg. Der zuständige Richter ließ mich abblitzen: Gerade ich müsse doch die im Grundgesetz garantierte Unabhängigkeit der Richter achten. Ich hatte nur nach dem Stand der Sache gefragt.

Ein Wuppertaler Bürger hatte Ärger mit seinem Verein, in dem Ziegenzüchter organisiert sind. Er war verärgert über den Ausgang einer Vorstandswahl. »Bei uns darf nur wählen, wem eine Ziege gehört. Und da hat einer mitgewählt, der eben keine hat. Das habe ich herausgefunden, und das lasse ich nicht auf sich beruhen«, ließ er mich wissen. Warum er gerade zu mir käme, fragte ich zurück. »Sie sind Jurist, empfehlen Sie mir einen Anwalt. Es soll sein Schaden nicht sein. Die drei üblichen Gebühren sind drin, Mindesthonorar sowieso.« Der Mann hatte sich tatsächlich in die Gebührenordnung für Rechtsanwälte eingelesen. Mir fiel ein junger Kollege ein, den ich schätzen gelernt hatte. Ein paar Wochen später liefen wir uns über den Weg. Was ich ihm da »eingebrockt« habe, polterte er. Nicht allein, dass er ständig

mündlich und schriftlich von dem Ziegenfreund eingedeckt
worden sei. Jetzt habe dieser ihn sogar angezeigt. Wegen Be-
truges. Auweia, und ich hatte es gut gemeint.

Ein Vater, den ich viele Jahre vom Sport her kannte, bat
mich, bei einer heimatnahen Versetzung seines Sohnes im
Wehrdienst zu helfen. Nachdem dies mit viel Mühe gelungen
war, erreichte mich Wochen später ein Anruf eben dieses
Sohnes: »Was ich mir dabei gedacht habe?! Er sei froh,
heimatfern Dienst zu tun. Und ob ich wisse, dass er volljährig
sei?« Er hatte recht, ohne ihn oder über ihn hinweg hätte ich
nicht aktiv werden dürfen. Ich habe es nicht vergessen.

Der traditionsreiche Sportplatz »Widukindstraße« in Heckinghausen war in die Jahre gekommen. Die Bundesbahn
hatte ihn viele Jahre nicht gepflegt. Der Sportplatz war nicht
mehr verkehrssicher; es drohte die Schließung. Die Stadt
hätte gerne geholfen, hatte aber schon damals kein Geld –
und außerdem war es nicht ein Grundstück der Stadt. Ich
wandte mich an eine Pioniereinheit auf Lichtscheid, ob sie
nicht mit einer Übung an Ort und Stelle helfen könnte. Sie
konnte. Der Spielbetrieb konnte fortgesetzt werden. Unzu-
frieden waren die Wuppertaler Tiefbauunternehmen: Ihnen
sei ein Auftrag durch die Lappen gegangen. Sie wussten
genau: Sie hätten einen Auftrag zur Sanierung der Widukindstraße nie bekommen. Gründe: siehe oben. Die Bundeswehr machte es kostenlos.

Die Diskussion um eine Änderung des § 218 war auch in
Wuppertal heftig. Bei einer Protestversammlung auch in
Beyenburg erklärte ein katholischer Geistlicher, dass ein
»Mörder« sei, wer gegen den § 218 in seiner damaligen Form
sei. Es kam zum Tumult und fast zum Abbruch der Veran-

staltung. Erst als er gewunden erklärte, er habe damit nicht mich gemeint, konnte es weitergehen. Wahr ist: Den Fundamentalisten auf der einen Seite standen auch Fanatiker auf der anderen Seite gegenüber. Die Rolle der katholischen Kirche habe ich nicht verstanden.

In Kasachstan sprach mich ein Mitglied der Gemeinschaft der dorthin von Stalin umgesiedelten Wolga-Deutschen an: Er hieße auch Penner; wenn ich aus Ostpreußen stamme, könne ich mit ihm verwandt sein. War nicht so. Die Familie meines Vaters wohnte über 200 Jahre in Wuppertal und Umgebung. Frühere Spuren, so habe ich gelegentlich gehört, führten in die Niederlande. – Einen anderen Penner habe ich im Colonia-Delta vor den Toren von Montevideo kennengelernt. Er hieß sogar Bernhard wie mein Vater. Aber Verwandtschaft? Eher nein. Sie waren eine Glaubensgemeinschaft aus dem Baltikum und hatten zunächst in Nordamerika gesiedelt, bevor es sie nach Uruguay verschlug. Außerdem: Die Familie meines Vaters war lutherisch.

Bei einem Besuch in Bolivien zu Fragen der Drogenkriminalität gerieten sich der innenpolitische Sprecher der CDU/CSU-Bundestagsfraktion und ein heimischer Bürgermeister in die Haare. Der eine beklagte, dass der Anbau von Koka-Pflanzen so viel Unglück über Menschen in aller Welt brächte. Der andere wies darauf hin, dass der Verzehr von Koka eine uralte Tradition sei und die Bauern mit Anbau von Tomaten und Salaten nicht überleben könnten. Außerdem solle er bedenken, dass es ohne Konsumenten keinen Anbau gäbe. Überdies, so schloss er, hätten Europäer kaum das Recht zu protestieren. Sie hätten schließlich über Jahrhunderte billigsten Ramsch in Südamerika verkauft. – Das war eine Antwort, die saß.

Ein hoher US-amerikanischer Justizbeamter beklagte mir gegenüber die Waffenungleichheit zwischen Drogenkartellen und Polizei beziehungsweise Justiz. Er zeigte auf den Hafen und meinte resignierend: »Die einen haben hochgezüchtete Schnellboote und wir haben rostige Dampfmaschinen. Wie kann man da gewinnen?«

Bei einem Empfang in einer deutschen Botschaft in einem südamerikanischen Land war ein aus rassischen Gründen geflohener Hochschulprofessor aus Deutschland ebenso zu Gast wie auch ein aus Deutschland eingereister hochrangiger Nazi.

Bei einem Besuch in Paraguay lernte ich den damals schon sehr lange amtierenden Staatschef Alfredo Strössner kennen. Er schilderte in einem halb abgedunkelten Raum seine weltpolitische Sicht unter besonderer Berücksichtigung des Kommunismus. Seine Familie stamme aus Franken, und er wisse, wovon er rede. Als wir in Asunción ankamen, war die Stadt übersät mit Nazischriften in deutscher Sprache. Kurz bevor Strössner erschien, wurden wir vom Warteraum in die Toilette abgedrängt. Nach einer Viertelstunde wurden wir in den Empfangsraum vorgelassen. Später haben wir erfahren, dass Strössner Paraguay zu einem reinen Spitzelstaat umgebaut hatte. Es hieß, dass jeder Taxifahrer ein solcher sei. Die Stütze seiner Macht war das Militär, Hunderte von ihm ernannte Generäle waren seine verlässlichen Helfer. Dass ein solches Land keine gute Zuflucht für Steuerflüchtlinge aus Deutschland war, habe ich von Betroffenen selbst erfahren. Deutschland wurde zum erstrebenswerten Ziel zurück – selbst bei sicherem Gefängnis.

Der Chef unseres Hotels in Asunción war übrigens gebürtiger Cronenberger. Wie man als Cronenberger da heimisch werden konnte, hat sich mir nicht erschlossen.

Einen bitteren Nachgeschmack hinterließ ein Besuch beim Deutschen Club in La Paz (Bolivien). Ich erkundigte mich eher, ob hier auch der flüchtige Nazi-Verbrecher »Barbie«, der Schlächter von Lyon, alias »Altmann« verkehrt habe. Er war einer der meist gesuchten Täter während meiner Tätigkeit bei der Zentralen Stelle zur Verfolgung von Nazi-Gewaltverbrechen in Ludwigsburg – damals ohne Erfolg. Natürlich sei er dagewesen, ein gern gesehener, unterhaltsamer Gast, und jeder habe gewusst, dass er eine Nazivergangenheit gehabt habe, kam die offene Antwort. Aha, und das damalige Auswärtige Amt wusste es nicht, wie man uns Strafverfolgern weismachte?

In Burundi hatte ich die medizinische Ausstattung für eine neue Klinik zu übergeben. Der 29-jährige Staatschef, durch einen Putsch gerade ins Amt gekommen, nahm dankend an. Wie denn auch nicht. Merkwürdigerweise forderte er dann meine Delegation auf, mit Mitarbeitern seiner Seite Arbeitsgruppen über den Zweck unseres Besuchs zu bilden. Auch dies geschah, dauerte aber nicht lange. Für unseren Besuch waren nur einige Stunden vorgesehen. Beim Abschied sagte mir der deutsche Botschafter, ich sei seit vielen Jahren der erste Staatsgast aus Deutschland gewesen, und er werde noch wichtig werden für seine Arbeit vor Ort. Ich hatte verstanden.

In Somalia hatte ich ein langes Gespräch mit dem damaligen Staatschef Siad Barre, genauer gesagt: Dieser hielt mir einen Vortrag über die besondere Lage seines Landes am Horn von Afrika in Zusammenhang mit der Weltpolitik, in Sonderheit mit dem Ost-West-Konflikt. Natürlich warb auch er um Lieferung von Waffen, die ich ihm aber nicht zusagen konnte. Später habe ich erfahren, dass er erst nach mir den deutschen Entwicklungsminister empfing, obwohl dieser immerhin 50

Mio. DM Entwicklungshilfe mitbrachte. Das Militärische hatte bei Siad Barre – wie bei anderen auch – politischen Vorrang.

Aus Anlass der Unabhängigkeit von Simbabwe überreichte ich für die Bundesregierung dem neuen Staatschef Mugabe Anfang der 80er-Jahre einen gepanzerten Mercedes-Wagen. Er war sehr freundlich, unterhielt sich mit mir über die Zukunft des Landes und versicherte, es solle zwischen Afrikanern und Weißen spannungsfrei bleiben. Auch das abendliche Bankett im Kreis seiner Getreuen verlief störungsfrei. Ausgesprochen unangenehm war ein Einzelgespräch mit dem Verteidigungsminister. Die Deutschen sollten endlich Waffen liefern, wie es andere Staaten – und zwar selbstverständlich – auch machten, forderte er. Nur seien die leider nicht so gut wie die deutschen Produkte. Und weiter: Wir hätten also keinen Anlass, uns über Waffenlieferungen etwa aus Rumänien und Jugoslawien zu beschweren. Den ansonsten guten Gesamteindruck trübte eine Sachkennerin des Landes: Ich solle mir keine Illusionen machen, Mugabe sei korrupt und ein Rassist obendrein.

Bei einer Konferenz von Geheimdienstfachleuten aus aller Welt in Moskau nach der Wende bewirteten uns die Russen mit viel Wodka und Speck. Die Stimmung war gut, die Zungen wurden lockerer. »Früher«, meinte einer der Russen, »haben wir ohne rechtliche Grundlage gearbeitet, heute machen wir das Gleiche auf gesetzlicher Grundlage.« Ob das nur Wodka umnebeltes Gerede war? Später in Bonn befragte mich ein US-Diplomat nach Fotos und Kontakten. War nicht ungewöhnlich, so zu fragen.

Die große Ehescheidungsreform war nicht nur heftig politisch umkämpft, sondern hatte auch ein großes Echo darüber hinaus. Die Ablösung des »Schuldprinzips« durch das »Zerrüttungsprinzip« als Scheidungsgrund und die vermögensrechtliche wie unterhaltsrechtliche Besserstellung der Frau erzeugte auch große Zustimmung. Unter anderem auch bei einem der bekannteren Bonner Journalisten. Kaum ein Jahr später änderte sich seine Meinung. Er hatte als vom neuen Recht Betroffener erlebt, dass Teilen mit der Ehefrau eben weniger als vorher bedeutete und wetterte »gegen den Blödsinn, den wir da zusammengerührt hätten«. Das Sein bestimmt wohl doch das Bewusstsein.

Von den Untersuchungsausschüssen, in denen ich mitgewirkt habe, ist mir die Vernehmung von Strauß im sogenannten Flick-Untersuchungsausschuss in besonderer Erinnerung geblieben. Ich musste kurzfristig für den krankheitshalber verhinderten Vorsitzenden Manfred Langner (CDU) einspringen. Der Vernehmungssaal war brechend voll, Pressevertreter aus aller Welt waren zugegen. Strauß wollte nicht. Er versuchte, mit allen Finessen seine Befragung zu torpedieren. Nach amerikanischem Recht wäre sein Verhalten auf »Missachtung des Parlaments« hinausgelaufen. Aber wir waren in Deutschland mit anderen Regeln.

Ich wählte einen Ausweg. Ich hielt ihm jedes Dokument, in dem sein Name in Zusammenhang mit Flick-Aktivitäten in Sachen Politik enthalten war, vor. Natürlich bestritt er seine Teilnahme. Aber die Öffentlichkeit konnte sich auf diese Weise ein konkretes Bild machen, um was es überhaupt ging. Die Vernehmung kam ins Rollen.

Kurt Rebmann wurde eher zufällig Nachfolger des ermordeten Generalbundesanwalts Buback. Mögliche Nachfolger machten sich rar; kein Generalstaatsanwalt erklärte sich bereit. Dann kam Rebmann. Er war Spitzenbeamter im baden-württembergischen Justizministerium und ein vorzüglicher Jurist. Es wurde gemunkelt, dass sein Einverständnis mit einem weiteren Schritt in seiner Karriere entgolten werden sollte. Er war konservativ, führte das Amt sehr souverän aus. Da ich in Sachen innerer Sicherheit viel mit ihm zu tun hatte, kann ich das nach eigener Wahrnehmung bestätigen. Erstaunlicherweise genoss Rebmann die höchste Stufe des Personenschutzes, sogar mit den damit verbundenen persönlichen Beschränkungen. So nächtigten mehrere schwer bewaffnete Schutzpersonen in seinem Haus. Und auch die Fahrten über Land, eskortiert von Schutzfahrzeugen, wurden ihm nicht lästig. Er trank gerne mehr als nur ein Glas guten Weines, auch in Gesellschaft; nicht jeder war so trinkfest wie er.

Sein Nachfolger im Amt war der von der FDP durchgesetzte Alexander von Stahl. Er war für diese Position völlig ungeeignet und musste das Amt auch bald wieder räumen. Aber die FDP konnte sich mit dem Kanzlervorschlag Penner nicht anfreunden. Sie beharrte auf ihrem Besetzungsrecht; überdies war Lambsdorff mir wegen meiner Tätigkeit im Flick-Ausschuss gram: Die Flick-Affäre hatte ihn das Ministeramt gekostet. Meine Familie war erleichtert, ich selbst hätte bei einem Ruf nicht »nein« sagen können. Später hörte ich aus der Mitte der Generalbundesanwaltschaft, dass sie mit mir sehr einverstanden gewesen wäre. Mein Ärger über die Fehlbesetzung von Stahl blieb.

Der ehemalige evangelische Militärbischof Kunst erinnerte sich genau an seine Barmer Zeit. Er sei, so sagte er mir persönlich, nach dem Gottesdienst immer wieder auf Bibeltexte angesprochen worden. »Herr Pastor, Ihre Predigt war zwar schön, aber im Johannesevangelium steht es anders.« So oder so ähnlich sei er von Barmer Christen zur Rede gestellt worden. »Wir Wuppertaler sind eben echte Protestanten und Knötterer obendrein«, habe ich ihm erwidert.

Bei einem Besuch von usbekischen Politikern bekam ich als Wehrbeauftragter eine Gegeneinladung. Als die Zeit gekommen war, wurde die Reise von der usbekischen Staatsführung abgesagt. Ich sei nicht willkommen, das Amt passe nicht zu usbekischen Traditionen, hieß es. Das stimmte wohl.

Manfred Wörner war ein wortmächtiger Konservativer, intelligent dazu, ein guter Fußballspieler obendrein; bei aller Verschiedenheit schätzten wir uns. Einiges an ihm war ungewöhnlich. Auf dem Höhepunkt der RAF-Krise trug er immer eine Pistole. »Weißt du«, so sagte er mir, »ich möchte, wenn ich von einer Kugel getroffen werde, noch im Fallen den Schuss erwidern.« Er war ein Romantiker. Wörner war auch ein begeisterter Pilot und hielt sich, so oft es eben ging, bei der Luftwaffe »in Übung«. Er suchte die Nähe der professionellen »Kampfpiloten« und gab ihnen zu verstehen, dass er »fühlte« wie sie. Diese aber verstanden ihn nicht; sie wollten ihn nicht als »Kameraden«, er war ihr oberster Vorgesetzter. Er war dann sehr allein und wirkte irgendwie tragisch.

Ulla Jelpke und Max Stadler waren beide Mitglieder im Innenausschuss, als ich dessen Vorsitzender war. Sie waren sich beide sympathisch – trotz aller politischen Unterschiede. Er war ein Liberaler aus Bayern durch und durch, er konnte juristisch mit dem hochkarätigen Fraktionskollegen Burkhard Hirsch durchaus mithalten. Sie war eine beinharte Linke mit entsprechender politischer Verwurzelung. Sie war misstrauisch gegenüber allem, was nicht auf ihrer Linie lag. Über Max Stadler aber hat sie nie ein böses Wort verloren; sie schätzte wohl seine Seriosität und Zuverlässigkeit im Fachlichen sehr. Und Max Stadler stand ihr persönlich zur Seite, als es ihr auf einer Dienstreise gesundheitlich wirklich dreckig ging. Wie das Leben so spielt.

Thomas Krüger und Wolfgang Zeitlmann hatten kaum Gemeinsamkeiten. Gewiss, beide waren Mitglied im Innenausschuss. Aber sonst? Der eine Bayer, barock, die lautstarke Stimme der CSU zur»inneren Sicherheit«. Der andere wesentlich jünger, zurückhaltend, Sozialdemokrat. Und doch sollte sich das eines Tages ändern. Sie wurden Verwandte, sozusagen, als Thomas Krüger und die Tochter des Bayern heirateten. Aber warum eigentlich nicht? Warum sollte die Tochter eines prominenten CSU-Politikers nicht einen sozialdemokratischen Bundestagsabgeordneten heiraten können?

Hans-Jochen Vogel war sehr genau, sehr kompetent – und bienenfleißig. Hans-Gottfried Bernrath, Vorsitzender des Innenausschusses, war mit ihm frühmorgens im Erich-Ollenhauer-Haus in Bonn verabredet. Bernrath war pünktlich, Vogel kam ein paar Minuten später. Das war erstaunlich, denn Vogels Pünktlichkeit war legendär. Als Bernrath erfuhr, dass Vogel im Keller beim Aufräumen alter Parteiakten beschäftigt gewesen war, konnte er, gleichaltrig wie Vogel, nicht an sich halten:»Jochen, ich dachte du wolltest Bundeskanzler werden und nicht Hausmeister.« Vogel nahm es hin, jedenfalls ohne sichtbare Reaktion. Es stimmte zwar nicht, aber irgendwie doch.

Auf Hans-Jochen Vogel konnte man sich verlassen, gerade wenn man in Schwierigkeiten war. In Wuppertal kochte es bei Vorwerk, bei Belegschaft und Firmenleitung, bei der Stadtverwaltung und der IG Metall, als sich von Brüssel Änderungen des für Vorwerk wichtigen Rechts für Haustür-geschäfte ankündigten. Da war der Justizminister genau der richtige Mann: Hans-Jochen Vogel kam. Es gelang ihm, mit klaren Ausführungen die Lage zu beruhigen. Es bestand für Vorwerk kein Anlass zur Sorge. Damit nicht genug. An-schließend beeindruckte er noch in einer Versammlung von Bankkaufleuten durch Sachkenntnisse bis ins Detail. Manch einer mochte wohl aus politischen Gründen gehofft haben, Vogel würde sich in nichtssagenden Allgemeinheiten ver-lieren. Daraus wurde nichts. Ich meinerseits habe ihm diese Unterstützung bis heute nicht vergessen.

Der Fraktionsvorsitzende Vogel lud seine Stellvertreter im Fraktionsvorstand zwei- bis dreimal im Jahr zum Essen beim Italiener »Bruno« ein. Immer war ein prominenter Gast dabei, ein Wissenschaftler, Schriftsteller oder Künstler. Sie sollten uns frei von falschen Rücksichtnahmen offen die Meinung sagen – nach Themen ihrer Wahl. So geschah es denn auch. Es war für die Eingeladenen ratsam, gut vorbereitet zu sein. Denn Vogel war es immer. Es konnte passieren, dass Vogel den Gast auf einen Widerspruch hinwies, weil er sich in einem Buch auf Seite so und so ganz anders geäußert habe. Wir anderen waren im Wesentlichen auf die Rolle von Ge-folge beschränkt; nicht mehr, aber auch nicht weniger. Trotzdem ging jeder gern hin. Die Themen waren durchweg interessant, die Gespräche auch. Essen und Trinken war vor-züglich. Da konnte man die Nebenrolle sehr gut hinnehmen. Und eines ist besonders erwähnenswert: Kein Wort über den Inhalt erreichte die Öffentlichkeit.

Bei der Deutschlandwahl 1990 spielte das politische Deutsch-land verrückt. Kohl wähnte sich zunehmend als Bismarck hoch zwei, Lafontaine fremdelte mit der Wiedervereinigung,

Genscher träumte von einem Direktmandat in Wuppertal West, und unsere Stammwähler – auch in Wuppertal – waren irritiert, warum die SPD sich nicht über die Wiedervereinigung freute. Das Ergebnis der Wahl war wenig überraschend; die schwarz-gelbe Koalition wurde bestätigt, und die SPD verlor – wieder einmal durch eigenes Zutun. Als aber bei der Pressekonferenz im Wuppertaler Rathaus verstärkt von Genschers Wahlsieg gesprochen wurde, musste ich klarstellen: Genscher hatte in Wuppertal einen guten dritten Platz mit einem sehr guten Erststimmenergebnis belegt, aber in gehörigem Abstand zum CDU-Bewerber Hintze. Den Wahlkreis aber gewann für die SPD Rudolf Dreßler glatt. Noch deutlicher war das Ergebnis in Wuppertal-Ost. Das änderte aber nichts daran, dass wir im Verhältnis zur Wahl 1987 Stimmen eingebüßt hatten. Kein Wunder bei dem Erscheinungsbild der Partei zur Frage der Wiedervereinigung.

Eine Informationsreise nach Argentinien und Uruguay im Herbst 1979 wollte ich erst gar nicht antreten. Hauptgrund: Die lange Flugreise. Aber es ging nicht anders. Die Fraktion erwartete Berichte über die Menschenrechtslage der beiden Staaten mit ihren Militärregimen aus erster Hand. Die Reise war zudem bis in die Details durchgeplant. An einem Samstagnachmittag vor dem Nachtflug kontaktierte mich das Auswärtige Amt: Die Reise müsse abgeblasen werden; die diplomatischen Beziehungen seien bedroht. Besonders die argentinische Regierung sei tief verärgert über die Presseberichterstattung dieser Reise. Ich informierte sofort Wischnewski, der damals Staatsminister war. Der rief nach kurzer Zeit zurück: Die Lage sei so wie geschildert. Aber gerade deswegen müsse ich los, denn die beiden anderen Kollegen aus der Fraktion seien schon unterwegs. Die hätten das Presseecho ausgelöst, und ich müsse das wieder einfangen – ich sei schließlich der Vorsitzende dieser Gruppe. Die Reise fand statt, es wurde nicht ganz so schlimm wie befürchtet. Die Argentinier beruhigten sich; die Menschenrechtslage besserte sich leider nur sehr allmählich.

Tierversuche im Pharmazentrum bei Bayer am Aprather Weg wurden von engagierten Bürgerprotesten begleitet. Beide Seiten sprachen mich an. Bayer informierte mich umfänglich, wies auch auf die sinkende Zahl dieser Versuche hin, sah sich aber zu einem völligen Verzicht momentan nicht in der Lage. Diese Auskunft stellte die Bürgerinitiative nicht zufrieden. Verständlich. Als die Einwände für meine Begriffe zu schrill wurden, habe ich den einen oder anderen gefragt, ob er denn selbst bereit sei, auf einen derart bedingten medizinischen Fortschritt zu verzichten; ich erwähnte dabei die Anästhesie. Das war nicht ganz sachlich, zugegeben. Darüber hinaus habe ich auch an die Arbeitnehmer gedacht, die auch eine Stimme haben mussten und – man kann es nicht bestreiten: Die Firma Bayer war und ist wichtig für Wuppertal.

Eine Novellierung des Arzneimittelgesetzes zu Lasten der biochemischen Mittel schlug hohe Wellen – auch in Wuppertal. Quer durch die Bevölkerung schworen viele auf diese Heilmittel. Ich kannte das Engagement dafür aus der Familie meiner Mutter. Onkel Alex war sogar Heilpraktiker, und meine Mutter versuchte es mit Belladonna und Nr. 2 ff usw., bevor sie überhaupt auf den Gedanken kam, an »Chemie« zu denken. Meine Schwester ist in dieser Frage festgelegt wie meine Mutter. Der Streit um Wert und Unwert der Biochemie ebbte ab; deren Anhänger konnten mit der Neufassung des Gesetzes leben.

Hans Apel ist mit dem Amt des Verteidigungsministers nie so recht glücklich geworden; er hat es nie angestrebt. Er geriet in schwere politische Turbulenzen. Der Streit um den NATO-Doppelbeschluss machte sich auch an ihm persönlich fest. Die Unterfinanzierung des Tornado-Flugsystems erschütterte den gesamten Verteidigungshaushalt; zu allem Ärger fand er noch einen Brief des Bundesfinanzministers Apel an seinen Amtsvorgänger vor, in dem er Nachbesserungen im Haushalt gerade deswegen brüsk ablehnte. Schlechte Zeiten, zumal die SPD gerade damals besonders kritisch auf den Verteidigungshaushalt sah. Die Berufung »wirtschaftlichen Sachverstandes« von außen brachte zwar keine Lösung in der Sache, schuf aber doch eine gewisse politische Entlastung. Das Problem des Millionenlochs im Haushalt blieb und schwelte weiter. Der Fraktionsvorsitzende Wehner persönlich zerschlug den gordischen Knoten: Zum Teil zusätzliches Geld, der Rest musste durch »Umschichtungen« aus dem Verteidigungshaushalt selbst genommen werden. Die damit verbundenen Veränderungen hatten auch Streckungen im Rüstungsbereich zur Folge. Das rief die IG Metall auf den Plan, die sich um Arbeitsplätze sorgte. Das Verteidigungsministerium kann eine schwere Prüfung sein.

In den späten 70er-Jahren und etwas später besuchte mich regelmäßig ein US-amerikanischer Diplomat zum politischen Gespräch. Zwei- bis dreimal im Jahr, nichts Konkretes, selten Aktuelles, häufig zur politischen Lage. Angenehmes Gesprächsklima. Bei meiner letzten Begegnung fragte ich ihn ganz diskret, ob er beim »CIA« sei. Er drückte sich nicht und bejahte. Wir haben uns nie wiedergesehen. Ein möglicher Nachfolger hat bei mir nicht vorgesprochen.

Auf meine Wahl zum Wehrbeauftragten hatten sich die Fraktionen der SPD, Bündnis 90/Die Grünen, FDP und PDS geeinigt. Mehr noch: Sie besiegelten den Vorschlag auch förmlich in einem gemeinsamen Antrag. Ein solches politisches Zusammengehen hatte es bisher nicht gegeben. Später habe ich erfahren, dass die PDS mich zwar als »rechten« Sozialdemokraten ausgemacht habe, ich aber andererseits keine Scheu vor Autoritäten, auch nicht vor Generälen, habe. Letzteres habe für mich den Ausschlag gegeben.

Der Tag der Maueröffnung am 9. November 1989 war auch Plenartag in Bonn. Eine typische Arbeitssitzung mit unterschiedlichen Themen und langer Tagesordnung. Auch als der Abgeordnete Spilker (CSU) die Nachricht von der Maueröffnung seiner Plenarrede in anderer Sache voranstellte, setzte der Bundestag seine Beratungen zur Vereinsförderung bis zur Abstimmung fort. Danach Unterbrechung der Sitzung. Es folgten Erklärungen zur aktuellen Lage von Bundesminister Seiters und Sprechern der Fraktionen. Erst dann wurden die Beratungen abgebrochen. Der Bundestag wurde der Lage gerecht.

Nicht selten wurde der bekennende Christ Johannes Rau auch von streng antikirchlichen Altsozis um Totenreden gebeten. Die Menschen mochten ihn, und er mochte die Menschen. Für solche Gelegenheiten war er der denkbar Beste. Er schrieb sehr gerne Briefe, sehr persönlich. Er ging auf jeden Einzelnen gern zu. Schon im Amt des Oberbürgermeisters von Wuppertal verkörperte er den guten Hirten der Stadt. Später in Düsseldorf setzte er diesen Stil fort – gewissermaßen Oberbürgermeister von NRW. Es war eine ungeheure Anstrengung, aber er versah alle seine Ämter gut und gern. Die Bürger von NRW haben ihm auf ihre Weise gedankt –

mit herausragenden Wahlergebnissen, die seit seiner Zeit nie mehr erreicht wurden.

Nicht lange nach dem Unfall im Kernkraftwerk Tschernobyl machte ich einen Informationsbesuch beim Gouverneur von Bombay. Thema war unter anderem die Sicherheit bei Kernkraftwerken. Es war bekannt, dass in der Nähe der Stadt ein Kernkraftwerk betrieben wurde, das geringere Sicherheitsstandards als Tschernobyl hatte. Auf eine Diskussion, ob Indien mit Sonnenenergie nicht gefahrloser sei, ließ sich der Gouverneur erst gar nicht ein. Er schien diese Frage als Hinweis aufzunehmen, energiepolitisch in die Steinzeit zurückzukehren, und reagierte verschnupft. Auch die mögliche Gefährdung vieler Menschenleben ließ ihn unberührt. »Indien hat bald eine Milliarde Menschen«, ließ er mich wissen und verabschiedete sich.

Eine Veranstaltung von einem Ortsverein irgendwo im Ruhrpott auf dem Höhepunkt der RAF-Krise, unter besonderer Berücksichtigung der Zwangsernährung, werde ich nicht vergessen. Es war Freitagabend und trotzdem brechend voll. Ich stand Rede und Antwort zum nämlichen Thema. Abschließend meinte der Vorsitzende: »Genosse Penner, ihr habt euch das sicher alles gut überlegt, und studiert hast du das ja auch. Aber merke dir: Wir sind die Basis. Wir haben hier das Sagen. Mit den paar Kommunisten regeln wir das im Betriebsrat. Und die FDP gibt es bei uns nicht. Die Schwarzen sind eigentlich ganz vernünftig. Und jetzt höre ganz genau zu: Wenn sich einer von diesen Banditen umbringen will, lass ihn doch. Ist ja wie ein Geschenk oder ein Sechser im Lotto.« So dachte man dort.

Ein kolumbianischer Innenminister informierte eine Delegation von Innenpolitkern des Bundestages zu Problemen der Inneren Sicherheit seines Landes: Drogen, Gewalttätigkeit, Guerilla, Korruption – das gesamte Programm; ich war dabei. Mit dabei auch eine Abgeordnete aus dem Europäischen Parlament, zuständig für Entwicklungshilfe für Südamerika. Sie nahm kein Blatt vor den Mund und brachte sehr konkrete Menschenrechtsverletzungen auch staatlicher Stellen, besonders seitens der Polizei, aber auch des Militärs zur Sprache. Der Angesprochene entgegnete ebenso unmissverständlich. »Wer schützt meine Menschenrechte?« fragte er. »Ich bin seit sechs Monaten im Amt. Ich kann mich kaum noch frei bewegen. Meine Ehe ist darüber zu Bruch gegangen. Mein Vorgänger im Amt ist erschossen worden, der Justizminister vor kurzem auch.« In dieser Diktion ging er noch einige Zeit weiter. Beide hatten recht und auch wieder nicht. An der sicherheitspolitisch kritischen Lage sollte sich lange nichts ändern. Das Land blieb zerrissen und tief gespalten.

Verzeichnis der Personen und Vereine

Vereine

Autoren und Herausgeber

Matthias Dohmen (Wuppertal), Journalist, promovierter Historiker und Schriftsteller

Joachim Macheroux (Wuppertal), Journalist und Rentner, war in seiner aktiven Zeit freier Mitarbeiter der NRZ, später der »Wuppertaler Rundschau«

Klaus Vater (Bonn), ehemaliger »Vorwärts«-Redakteur, zeitweise Leiter des Büros von Rudolf Dreßler, später stellvertretender Regierungssprecher

Ernst-Andreas Ziegler (Wuppertal), Prof. Dr. h. c., ehemaliger Presseamtsleiter, hob die Junior-Uni aus der Taufe

Bildquellen

Die meisten Bildquellen sind leider nicht bekannt.
Seite 16, 30 oben, 38: Gerd Hensel, Wuppertal
Seite 62 oben: Kurt Keil, Wuppertal
S. 110: Medienzentrum der Stadt Wuppertal